Jörg Böhnke

Abenteuer- und Erlebnissport

Abenteuer- und Erlebnissport

Band 1

LIT

Jörg Böhnke

Abenteuer- und Erlebnissport

Ein Handbuch für Schule, Verein und Jugendsozialarbeit

LIT

Die Deutsche Bibliothek – CIP-Einheitsaufnahme

Böhnke, Jörg
Abenteuer- und Erlebnissport : Ein Handbuch für Schule, Verein und
Jugendsozialarbeit / Jörg Böhnke. – Münster : LIT, 2000
(Abenteuer- und Erlebnissport ; 1.)
ISBN 3-8258-4468-4

NE: GT

© LIT VERLAG Münster – Hamburg – London
Grevener Str. 179   48159 Münster   Tel. 0251–23 50 91   Fax 0251–23 19 72

Inhalt

1

1 Einleitung

Seit mittlerweile 15 Jahren erlebt der Abenteuer- und Erlebnissport eine Dynamik, die nicht vorherzusehen war. Stand zu Beginn der Wunsch das Abenteuer in die Halle zu holen im Vordergrund, um den Vereinssport abwechslungsreicher zu gestalten, so muss jetzt festgestellt werden, dass aus diesem eher doch bescheidenen Ansatz inzwischen wesentlich mehr geworden ist. Zahlreiche Veröffentlichungen haben sich in den letzten Jahren mit diesem Thema beschäftigt und aus vielen einzelnen Sichtweisen beleuchtet. Was aber bisher fehlte, war eine ausführliche und komplexe Aufarbeitung des Abenteuer- und Erlebnissports. Diese Lücke soll das Handbuch "Abenteuer- und Erlebnissport" füllen. Aber nicht nur die Vereine haben den Abenteuer- und Erlebnissport in die tägliche Arbeit übernommen. Es finden sich auch immer mehr kommerzielle Anbieter die den Abenteuer- und Erlebnissport oder Teile davon anbieten. Die Qualität solcher Angebote weicht dabei häufig vom Anspruch ab. Dabei wird auch versucht, über den Abenteuer- und Erlebnissport zum Teil recht fragwürdige politische Ziele zu transportieren.

Festgestellt werden kann, dass der Abenteuer- und Erlebnissport mittlerweile zu einem festen Bestandteil in der Vereinslandschaft und in vielen Bereichen der Jugendsozialarbeit geworden ist. Und jetzt erobert der Abenteuer- und Erlebnissport durch die neuen Lehrpläne und Richtlinien für den Schulsport in Nordrhein-Westfalen die Schule.

Es ist leicht ersichtlich, dass es nun nicht mehr ausreicht, nur das Abenteuer in die Halle zu holen. Um diesem differenzierten und großem Anspruch gerecht zu werden, musste der Abenteuer- und Erlebnissport auch theoretisch aufgearbeitet und seine praktischen und theoretischen Zusammenhänge dargestellt werden.

Das "Handbuch Abenteuer- und Erlebnissport" für Schule, Verein und Jugendsozialarbeit ist aus der Konsequenz entstanden, das Konzept "Abenteuer- und Erlebnissport" mit all seinen Facetten und praktischen Möglichkeiten umfassend darzustellen und aufzuarbeiten.

1.1 Zielgruppen und Zielsetzungen

Das "Handbuch Abenteuer- und Erlebnissport" ist für den Einsatz in Schule, Verein und Jugendsozialarbeit geschrieben. Es wendet sich an alle Lehrer und Lehrerinnen, an alle Übungsleiter und Übungsleiterinnen sowie an alle Interessierte, die den Abenteuer- und Erlebnissport in ihren jeweiligen Arbeitsfeldern einsetzen möchten.

3

Das Handbuch soll für den Einsatz des Abenteuer- und Erlebnissports in den verschiedenen Bereichen der sozialen Arbeit eine Grundlage bieten, die es den Beteiligten ermöglicht, die Inhalte des Abenteuer- und Erlebnissports zielgerichtet anzuwenden und zu vermitteln. Es ist für sportlich Aktive gedacht, die den Sinngehalt des Abenteuer- und Erlebnissports erkunden wollen. Es ist für Sporttreibende gedacht, die sich nicht mit dem bloßen Anwenden von Bewegungsbeschreibungen zufrieden geben, sondern sportliches Handeln bewusst und zielgerichtet einsetzen.

Das "Handbuch Abenteuer- und Erlebnissport" ist letztlich für all diejenigen gedacht, die Sport als ein komplexes Feld sozialer Interaktion begreifen und in diesem Feld handeln. Dabei soll das Handbuch den Tätigen helfen, eine bewusste Orientierung in die sportliche Praxis zu bringen und den allgemeinen Sport sowie den Abenteuer- und Erlebnissport als das verstehen zu helfen was sie sind: als Praxisfelder des sozialen Handelns.

Das "Handbuch Abenteuer- und Erlebnissport" soll Hilfestellungen geben, welche die Zusammenhänge von sportlichem Handeln durchschaubar machen, um damit sportliche Situationen gezielter planen und bewerten zu können.

Durch den Abenteuer- und Erlebnissport ergeben sich für Vereine, Schulen und andere Institutionen der Jugendarbeit besondere Möglichkeiten Ziele zu verwirklichen, die in normierten und tradierten Sportarten oft nur noch schwer zu vermitteln sind. Gerade die neuen Richtlinien Sport in Nordrhein-Westfalen weisen Bezüge zum Abenteuer- und Erlebnissport auf, die in diesem Handbuch dargestellt werden.

Das vielfältige und oft neue Bewegungsangebot im Abenteuer- und Erlebnissport kann aus psycho-sozialer Sicht die Wahrnehmungsfähigkeit der eigenen Person und die Wahrnehmungsfähigkeit für andere Personen verbessern. Durch die kreative Auseinandersetzung mit neuen Bewegungsanforderungen werden aber nicht nur psycho-soziale Belange positiv beeinflusst, sondern durch die im Abenteuer- und Erlebnissport häufig anzutreffenden ungewohnten und oft neuen Bewegungsformen werden auch die physischen Komponenten wie Kraft, Schnelligkeit, Ausdauer und Koordination gefordert.

So bilden die psycho-sozialen Aspekte und die rein körperlichen Anforderungen eine Einheit, wobei die Schwerpunkte je nach Anforderungsbereich verschoben werden können.

Das Leisten erleben, das sich etwas Zutrauen, das Wagen, das Rücksichtnehmen auf andere wird zu einem neuen und vielfältigen Gestaltungsbereich, indem sich die psycho-sozialen und physischen Komponenten nicht gegenseitig ausschließen, sondern ergänzen.

Geist *und* Körper werden gefordert.

Wenn an dieser Stelle von Geist und Körper gesprochen wird, dann geschieht dies in engem Zusammenhang zur Erlebnispädagogik Kurt Hahns (1886 – 1974), der vom Menschen als ganzheitliches Gebilde sprach. Durch die Erlebnispädagogik sollen "Kopf, Herz und Hand" angesprochen, genutzt, beansprucht, gefordert und gefördert werden. Diese Ausrichtung des Abenteuer- und Erlebnissports auf Kopf, Herz und Hand bedeutet auch, dass durch den Abenteuer- und Erlebnissport alle Menschen erreicht werden können, unabhängig vom kulturellen und ideellen Hintergrund oder vom rein sportlichen Leistungsvermögen.

Letztlich sind die Bewegungsangebote im Abenteuer- und Erlebnissport so gestaltet, dass auch diejenigen erreicht werden, die nicht in der Lage sind, sportliche Höchstleistung auf hohen technischen Niveau zu erbringen. Durch Variationen der verschiedenen Abenteuer- und Erlebnissportelemente werden verschiedenste Anforderungsniveaus sowohl in psycho-sozialer als auch in physischer Sicht möglich.

Im Abenteuer- und Erlebnissport steht der Gesundheitsaspekt ebenso im Blickpunkt des Interesses wie die interkulturelle Erziehung. Gerade die Aspekte der interkulturellen Erziehung wie auch die der Gewaltprävention werden durch den Abenteuer- und Erlebnissport hervorgehoben, da der "ganze Mensch" im Vordergrund steht und viele Situationen im Abenteuer- und Erlebnissport nur durch ein Reden miteinander und Vertrauen zueinander gelöst werden können. Ohne Rücksichtnahme auf andere ist kein Abenteuer- und Erlebnissport möglich.

So zeichnet sich der Abenteuer- und Erlebnissports durch eine Mehrperspektivität, die neben den eigentlichen sportlichen Betätigungen auch die Aspekte der Verständigung, Werteorientierung, Umwelterziehung, Gesundheitserziehung und Reflexion beinhaltet.

Der Abenteuer- und Erlebnissport ist kein singuläres Ereignis, sondern er ist Teil einer Sport- und Lebensstilkultur, die sich in unserer modernen, postindustriellen Gesellschaft herausgebildet hat. Dabei müssen wir uns im Klaren sein, dass das Leben und Zurechtfinden der Jugendlichen in unserer heutigen Gesellschaft mit ihrer Pluralisierung von Lebenswelten und Lebensstilen, ihrer Relativierung von einheitsstiftenden Wahrheiten und ihrer immer weiterführenden sozialen Isolierung nicht immer einfach zu meistern ist. Der Abenteuer- und Erlebnissport soll helfen, gegen diese negativen Tendenzen anzusteuern.

Somit ist die Zielsetzung des Abenteuer- und Erlebnissports beschrieben: er soll es den Menschen durch außergewöhnliche, abenteuerliche und risikoreiche Situationen ermöglichen, das alltägliche Leben auszugestalten, Sinngehalte zu setzen, Bedürfnisse zu befriedigen, Gemeinschaft zu erfahren und die Einheit von Kopf, Herz und Hand zu erleben. Vielleicht kann er dazu beitragen, das "Leben" intensiver zu erfahren. Man sollte eben nicht nur über Erlebnisse aus zweiter Hand reden, sondern selbst welche erleben.

1.2 Abenteuer- und Erlebnissport – typisch männlich oder typisch weiblich?

"Indianer weinen nicht!" "Sei doch keine Memme!" "Das ist doch weibisch!" "Dies ist nur was für harte Männer!"

Solche oder ähnliche Redensarten haben wir alle schon irgendwann einmal gehört. Sei es von den Eltern, den Geschwistern, Freunden und Freundinnen, Tanten, Onkels, Omas, Opas und (hoffentlich nicht) von unseren Lehrern und Lehrerinnen.

Allein schon hieraus wird deutlich, dass die Unterschiede zwischen typisch männlich und typisch weiblich allgegenwärtig sind. Doch wie sind diese Unterschiede? Sind sie nur auf die äußeren Geschlechtsmerkmale beschränkt oder sind sie auch seelischer, geistiger und verhaltenstypischer Natur?

Wenn in diesem Handbuch auf das typisch Männliche und das typisch Weibliche eingegangen wird, dann kann und soll dies kein vollständiger Überblick über den Stand der Forschung sein (vgl. dazu entsprechende Literatur u.a. bei Oerter/Montada 1987). Vielmehr soll dieser Überblick dazu dienen, die allgegenwärtige Meinung in Frage zu stellen, dass der Abenteuer- und Erlebnissport "eher was für Jungen ist".

Beginnen wir bei den biologischen Unterschieden, nein, eigentlich müssten wir sagen: bei den biologischen Gemeinsamkeiten. Denn aus der Sportmedizin geht eindeutig hervor, dass sich die wichtigsten Merkmale der sportmotorischen Entwicklung bis zum Beginn der Pubertät bei Jungen und Mädchen nur wenig unterscheiden. Sowohl Körperhöhe, Körpergewicht, Muskelmasse, Herz-Kreislauf-System und Zentralnervensystem, als auch Kraft, Schnelligkeit und Ausdauer weisen kaum Unterschiede zugunsten der Jungen auf. Es ist sogar so, dass Mädchen bis zum Alter von 12/13 Jahren in fast allen Parametern den Jungen überlegen sind (vgl. de Marées 1981). Oft jedoch werden diese medizinischen Erkenntnisse nicht in der Praxis umgesetzt. Mädchen werden oft unterfordert, obwohl ihre sportmotorische Leistungsfähigkeit, zumindest in dieser Altersstufe, den Jungen überlegen ist (vgl. Böhnke 1986).

Neben den medizinisch-biologischen Gegebenheiten, die sich erst ab der Pubertät zu Gunsten der Jungen unterscheiden, sind aber noch andere Faktoren für die Unterschiedlichkeit von Jungen und Mädchen von Wichtigkeit.

Die medizinisch-biologischen Gegebenheiten treten nämlich nicht für sich allein auf. Sie entwickeln sich nicht in einem Vakuum. Jeder Mensch ist Teil eines komplexen, sozio-kulturellen Systems, aus dem er nur schwer ausbrechen kann. So eignen sich die unterschiedlichen Geschlechter schon in frühester Kindheit, auf der Grundlage ihrer genetischen Dispositionen und unter bestimmten sozialökologischen Umweltbedingungen eine spezifische, individuelle Persönlichkeit an, einschließlich der dazugehörigen subjektiven Körper- und Bewegungsmuster. Das bedeutet, dass Mädchen, die in einer Gesellschaft groß werden, in der die Frauen das starke Geschlecht sind, auch zu starken Frauen werden (müssen). Mädchen, die in einer frauenfeindlichen Gesellschaft aufwachsen, werden selten zu "starken" Frauen. Sie bleiben Unterdrückte (vgl. Kreutz 1976).

Aber wie ist unsere Gesellschaft? Typisch männlich oder typisch weiblich? Diese Antwort ist nicht einfach. Wir haben weder eine typisch männliche noch eine typisch weibliche Gesellschaft. Je nach sozialem Status, den wir in unserer Gesellschaft einnehmen, verändert sich auch das Verhältnis von typisch männlich und typisch weiblich. Es gibt gesellschaftliche Gruppierungen, die als frauenfeindlich, aber ebenfalls auch solche, die als männerfeindlich beschrieben werden können. Letztlich gibt es in unserer Gesellschaft (fast) unendlich viele verschiedene Kombinationen von typisch männlich und typisch weiblich (vgl. u.a. Bourdieu 1987, Eder 1987, Böhnke 1992). Fest steht, dass viele Wertungen (stark, schwach, aggressiv, musisch usw.) entweder Jungen oder Mädchen zugeschrieben werden. Diese Wertungen sind also "sozialisiert" und beziehen sich in der Anwendung der Alltagssprache weniger auf medizinisch – biologische als auf "vermutete" Unterschiede. Es sind Wertungen.

Wichtig ist, dass diese sozialisierten Wertungen nicht ein für allemal festgeschrieben sind, denn unsere Gesellschaft entwickelt sich weiter, sie entwickelt ständig neue Aspekte, neue Sichtweisen. Auch vom typisch Männlichen und vom typisch Weiblichen.

Hier ist ein wichtiger Ansatzpunkt des Abenteuer- und Erlebnissports: Er soll sowohl Jungen als auch Mädchen, den Frauen und Männern Bewegungs- und Erfahrungsräume bieten, die vom gewohnten geschlechtsspezifischen Konzept abweichen. Hier können Mädchen wie auch Jungen zeigen, wie mutig sie sind. Hier können auch die typisch Männlichen zeigen, dass sie Hilfen von den typisch Weiblichen brauchen. Hier bestehen Mädchen dieselben Abenteuer wie die Jungen. Und mancher wird überrascht sein!

Gemeinsam erfahren und gemeinsam erleben heißt letztlich: Gemeinsam Leben!

Abenteuer- und Erlebnissport ist also weder etwas typisch Männliches noch typisch Weibliches, es gibt keinen Abenteuer- und Erlebnissport nur für Jungen und auch keinen nur für Mädchen.

In der Schule haben wir es im Rahmen des koedukativen Unterrichts vorwiegend mit geschlechtsheterogenen Gruppen zu tun, während im Sportverein häufig geschlechtshomogene Gruppen anzutreffen sind. Dies ändert nichts an der Anwendbarkeit des Abenteuer- und Erlebnissports. Seine Konzepte und methodischen Vorgehensweisen unterscheiden sich in Bezug auf geschlechtshomogene und geschlechtsheterogene Gruppen nicht.

Natürlich soll der Abenteuer- und Erlebnissport nicht nur in geschlechtsheterogenen, sondern auch in geschlechtshomogenen Gruppen Anwendung finden. So kann der Abenteuer- und Erlebnissport für eine Mädchengruppe eingerichtet werden und den Mädchen neue Erfahrungen vermitteln. In manchen Situationen mag dies berechtigt sein: wie z.b. bei sozialen Problemlagen. Bedenken müssen wir aber, dass ein Abenteuer- und Erlebnissport nur für Jungen oder nur für Mädchen unter Umständen die oben genannten, "engen" Vorstellungen vom typisch Männlichen und vom typisch Weiblichen verfestigen kann. Darüber hinaus sollten wir aber auch bedenken, dass jeder Junge und jedes Mädchen das Recht hat, Erfahrungen in geschlechtshomogenen Gruppen zu machen. Dies trifft sowohl für die Schule, als auch für den Verein zu. Wir dürfen Menschen nicht gegen ihren Willen in irgendeine Gruppe zwingen. Wir müssen ihnen verschiedene Angebote machen, bei denen die Möglichkeit einer wirklichen Auswahl besteht.

Sinn und Ziel des Abenteuer- und Erlebnissports ist es letztlich auch, neben der Vermittlung individueller Erfahrungen und Erlebnisse, tradierte Geschlechterrollen aufzuweichen und gemeinsame Erfahrungen der Geschlechter zu ermöglichen. Jeder Lehrer/Übungsleiter, jede Lehrerin/Übungsleiterin muss letztlich entscheiden, welchen Rahmen der Abenteuer- und Erlebnissport im jeweiligen Sportunterricht hat.

1.3 Psychische und physische Voraussetzungen

Ist der Abenteuer- und Erlebnissport ein Bereich, in dem besondere psychische und physische Qualifikationen verlangt werden? Kann denn jeder diesen "Sport" betreiben: Kinder, Jugendliche, Erwachsene und auch alte Menschen? Oder gibt es irgendwelche Einschränkungen?

Betrachten wir zunächst die psychische Komponente.

Der Abenteuer- und Erlebnissport lebt vor allem von der Bereitschaft, sich auf ein Abenteuer, auf ein Wagnis oder Risiko einzulassen, bzw. mal etwas Neues und Unbekanntes zu versuchen. Kreativität und Phantasie werden oft extrem gefordert. Diese Ansprüche hängen eng mit der individuellen Risikobereitschaft, der eigenen Einschätzung der Leistungsfähigkeit und der eigenen bisher erlebten Kreativität zusammen. Aber nur wer eine "offene Natur" ist, wer forsch an neue Dinge herangeht, so die landläufige Meinung, hat genug Selbstvertrauen und -zutrauen, sich in diese Situationen zu begeben, sich kreativ und phantasievoll zu zeigen. Aber es sind nicht nur diese "offenen Naturen", die am Abenteuer- und Erlebnissport teilnehmen können. In jedem von uns lebt etwas von Robinson Crusoe, von Erfindern und Entdeckern. Oft findet sich aber kaum Raum, Robinson Crusoe zu spielen (zu leben). In der heutigen kreativitätshemmenden Welt können wir unsere kreativen Qualitäten nur unzureichend ausleben. Die Folge dieser Einengung ist oft eine verkümmerte Phantasie und Kreativität und meist eine degenerierte Risikobereitschaft.

Weil eine weitreichende Kreativität oder eine "gesunde" Risikobereitschaft nicht mehr bei allen Teilnehmern und Teilnehmerinnen gegeben ist, ist es im Abenteuer- und Erlebnissport besonders wichtig, auf die individuellen Voraussetzungen der Teilnehmer und Teilnehmerinnen Rücksicht einzugehen, sie aufzugreifen und um neue Erfahrungswelten zu erweitern.

Auch die physischen Fähigkeiten Kraft, Ausdauer, Schnelligkeit, Geschicklichkeit und Gewandtheit sind heute deutlich geringer entwickelt. Wer muss heute noch mehrere Kilometer gehen, um seinen täglichen Bedarf an Nahrungsmitteln zu decken? Wer muss noch dem Wild folgen, durchs Unterholz kriechen, um seine tägliche Nahrung zu beschaffen? Natürlich niemand! Denn unsere Gesellschaft hat sich weiterentwickelt. Aus den primitiven, ausdauernden und kreativen (Ur) Menschen sind Menschen geworden, die meist nur noch eine Muskelgruppe gut entwickelt haben: die Gesäßmuskeln! Ausdauer, wozu? Es gibt doch Auto, Bus und Bahn.

Für den Abenteuer- und Erlebnissport ist das aber nicht weiter bedeutsam, denn man muss kein durchtrainierter Modellathlet sein, um am Abenteuer- und Erlebnissport teilnehmen zu können. Es müssen auch nicht die "Alleskönner" sein, die alle Situationen mit Bravour und ohne Hilfe meistern. Am Abenteuer- und Erlebnissport kann jeder teilnehmen, auch mit geringem motorischem Niveau und wenigen Vorerfahrungen, weil sich vielfältige Bewegungserfahrungen oft durch "Hilfe geben" und "Hilfe nehmen" erschließen lassen.

In diesem Zusammenhang stellt sich natürlich die Frage, was mit den vielen kleinen Rambos ist, die sich unter allen Umständen vor den anderen beweisen wollen. "Von anderen Hilfe annehmen, habe ich doch nicht nötig!" oder "Nein, ich will jetzt keine Hilfe, das ist doch kein richtiges Klettern!" sind keine seltenen Aussprüche. Gerade im Abenteuer- und Erlebnissport haben wir die Aufgabe, gegen dieses "Einzelkämpfertum" zu steuern. Wir müssen überwiegend Situationen schaffen, in denen man nur durch partnerschaftliche Hilfe bestehen kann, Situationen, in denen auch mal der oder die Schwächere zeigen kann, dass es ohne sie nicht geht!

9

2 Zwei Grundgedanken des Abenteuer- und Erlebnissports

Die Verschiebung des Verhältnisses von Arbeit und Freizeit und der daraus resultierende immer größer werdende Freizeitanteil sowie das Grundbedürfnis nach Spannung und Entspannung sind zwei wesentliche Grundgedanken für den Abenteuer- und Erlebnissport. Da der Freizeitanteil in unserer Gesellschaft immer mehr zunimmt, wird es den Individuen möglich, die Suche nach Spannung und Entspannung vermehrt auf dem Markt der Freizeit durchzuführen. Der Abenteuer- und Erlebnissport ist ein Teil dieses Freizeitmarktes.

2.1 Zusammenhang Arbeit – Freizeit

Noch im 19. Jahrhundert hatte die Arbeit den größten Anteil am alltäglichen Leben. 16 Stunden Arbeit, 8 Stunden "Freizeit" waren die Regel. Natürlich diente diese "Freizeit" nicht irgendwelchen individuell ausgesuchten Freizeitaktivitäten, sie war keine zweckfreie Zeit, sondern sie diente (fast) ausschließlich der Wiederherstellung der Arbeitsfähigkeit.

Im 20. Jahrhundert sieht dies anders aus: 8 Stunden Arbeit und 16 Stunden "Freizeit" sind die Regel, wobei die "Freizeit" nun nicht mehr nur zur Wiederherstellung der Arbeitsfähigkeit dient und einen (unterschiedlich) hohen Anteil an zweckfreier Zeit beinhaltet.

Im Prinzip finden wir also eine Umkehrung der Verhältnisse zwischen Arbeitszeit und Freizeit.

Unsere heutige westliche Gesellschaft (die östlichen Gesellschaften sind auf dem Wege, eben diese Entwicklung nachzuvollziehen) ist zu einer Gesellschaft geworden, in der wieder mehr Freizeit als (relativ) zweckfreie Zeit zur Verfügung steht. Diese zweckfreie Zeit gewinnt heute eine immer größer werdende Bedeutung für die Ausformung und Gestaltung der persönlichen Identität und der Ausformung individueller Lebensstile. Mit dieser Freizeit verbunden ist die Möglichkeit, individuelle Schwerpunkte in den Freizeitaktivitäten (Freizeitstrategien) zu setzen. Da sich unsere Gesellschaft enorm differenziert und individualisiert hat, finden wir (fast) unendlich viele Gestaltungsformen individueller Freizeit. Eine Gestaltung der Freizeit, eine individuelle Schwerpunktsetzung kann aber nur dann geschehen, wenn hierzu genügend (Freizeit) Kompetenz vorhanden ist. Wir müssen uns in diesem Zusammenhang also fragen, ob wir eigentlich genügend "Freizeitwissen" haben, um die vorhandene Freizeit "sinnvoll" zu nutzen. Oft werden wir feststellen, dass nicht genügend

Kompetenz vorhanden ist und dass es vielen sehr schwer fällt, mit der Freizeit (sinnvoll) umzugehen.

Betrachten wir in diesem Zusammenhang die Jugendkriminalität, so lässt sich feststellen, dass ca. 80% der Diebstahlsdelikte von Jugendlichen Straftätern aus Langeweile in der Freizeit heraus begangen werden (vgl. Böhnke 1992). Die meisten delinquenten Jugendlichen füllen ihren, oft durch Arbeitslosigkeit bedingten großen Freizeitanteil mit dem "Abenteuer Stehlen". Ähnliches gilt für rechtsradikalen Gruppierungen. Auch hier handelt es sich um Aktivitäten, die in der Freizeit angeboten werden. Nach der Arbeit, nach der Schule treffen sich (vorwiegend) Jugendliche und junge Erwachsene in organisierten Gruppen, in denen sie einen gewissen Halt, eine oft verloren gegangenen Ordnung finden, in denen sie lernen, ihre Freizeit zu nutzen und zu gestalten. Dabei ist die rechtsradikale Ausrichtung im Prinzip austauschbar. Denn neben Ordnung, straffer Führung, Gruppenzusammenhalt, wird das geboten, was wir alle irgendwie suchen: ein Hauch von Abenteuer. Gotcha im Wald ist Abenteuer pur, eingebunden in einen rechtsradikalen Zusammenhang, der dann von den Organisatoren für ihre fragwürdigen politischen Ziele genutzt wird. Die Jugendlichen sind nichts als Handlanger, die anfänglich nur das besondere Abenteuer suchen.

So entscheiden wir alle, nicht nur die delinquenten oder rechtsradikalen Jugendlichen, wie wir unsere Freizeit füllen. Wer aber wann welche Angebote aufnimmt, wer sich für welchen Anbieter von Freizeitarrangements entscheidet ist oftmals keine Entscheidung die auf Kompetenz beruht, sondern eine Entscheidung, die "aus dem Bauch" getroffen wird und letztlich auch von Werbestrategien der Anbieter abhängt.

2.2 Zusammenhang Spannung – Entspannung

Abenteuer, Risiko, Spannung und Entspannung – vier uns aus dem alltäglichen Leben und dem Medienkonsum wohl bekannte Begriffe. Kein Krimi, keine Seifenoper, die ohne diese Begriffe auskommt. Auch die Werbung, das uns ständig umrieselnde Etwas hat diese Begriffe aufgenommen und bringt sie uns alltäglich näher, weckt Sehnsucht und Kauflust. Doch was ist so wichtig an diesen Begriffen, dass sich ganze Wirtschaftszweige damit beschäftigen und Millionen von DM ausgeben, um ihre Produkte mit Abenteuer, Spannung und Risiko in Verbindung zu bringen?

Es ist belegt, dass die Suche nach Spannung ein im Unterbewusstsein fest verankertes, evolutionär geprägtes Bedürfnis ist. Je nach Individuum mehr oder weniger stark ausgeprägt.

Weiterhin lässt sich aus der neueren Forschung herleiten, dass es zwei unterschiedliche Spannungsarten gibt. Die erste wollen wir als positive Spannung beschreiben, die angenehm ist, zu Befriedigung führt, einen Lustgewinn und ein Lustgefühl bietet und immer häufiger als positiver Stress (Eustress) bezeichnet wird.

Die zweite Art von Spannung ist die negative Spannung, die unangenehm ist, Einschränkungen bietet und als Disstress bezeichnet werden kann.

Die Spannungsentladung der positiven Spannung führt zur Entspannung mit all seinen positiven Wirkungen. Die Spannungsentladung der negativen Spannung führt häufig zu Erkrankungen und äussert sich nicht selten in Herz-Kreislauf-Störungen, Essstörungen, Magen-Darm-Beschwerden etc.

Die im Menschen verankerte Suche nach (positiven) Spannungen wird als Spannungslust bezeichnet. Begeben wir uns in spannungsreiche Situationen, dann geraten wir immer in einen Entscheidungskonflikt, der uns in die Entscheidung zwischen "riskiere ich es" oder "riskiere ich es lieber nicht" zwingt. Dieses Hin- und Hergerissen-Sein ist das Ziel unserer Spannungssuche, die sich (so hoffen wir) in einer positiven Spannungsentladung auflöst. Dass diese Spannungslust ein alltägliches Phänomen ist, zeigen uns die Beispiele von Attraktionen der Kirmes, der Risikobereitschaft beim Glücksspiel, des spannenden Kinofilms, bestimmter Formen der Delinquenz, des spannungsgeladenen Sports usw. Alles alltägliche Bereiche, in die wir uns mehr oder weniger, unbewusst oder bewusst begeben, um eben diese Spannungslust zu befriedigen.

Der Abenteuer- und Erlebnissport ist ein Bereich, ein Handlungsfeld in dem diese Spannungslust befriedigt werden kann.

3 Grundlagen des Abenteuer- und Erlebnissports

Um die Grundlagen des Abenteuer- und Erlebnissports erarbeiten zu können, weichen wir zunächst bewusst vom Sport ab, um den übergeordneten Zusammenhang zwischen Sport und anderen alltäglichen Lebensbereichen herzustellen, denn der Sport ist ja ein Teil dieser Lebenswelt.

Fragen wir nach den Grundprinzipien des Sports, dann gleichen die Fragen denen, die wir auch bei der Frage nach den Grundprinzipien anderer Lebensbereiche stellen würden.

Nähern wir uns dem Abenteuer- und Erlebnissport mit einer einfachen, nicht auf den Sport bezogenen Frage: Warum trinke ich?

Die Antwort auf diese Frage ist natürlich logisch: Weil ich Durst habe. Und Durststillung ist ein Grundbedürfnis des Menschen. Damit ist alles klar und die Frage beantwortet – oder doch nicht?

Stellen wir die Frage etwas anders:

Warum trinke ich lieber Kaffee und ein anderer lieber Tee?

Auch hier ist die Antwort schnell gefunden, aber noch lange nicht klar. Fragen wir hierzu zwei Zeitgenossen. Der eine wird sagen: "Ich trinke Kaffee, weil er mir schmeckt!" Aber was ist schon "Geschmack"? Lässt sich über ihn streiten oder nicht?

Die Antwort des anderen Zeitgenossen: "Ich trinke Tee, weil ich es liebe, die zartgepflückten Teespitzen aus dem Himalaya aufzubrühen; mit braunem Kandis; bei Kerzenlicht; und mit meinen Freunden dabei über allerlei Dinge reden. Einfach schön." Ist das nun noch einfacher "Geschmack" oder doch schon etwas mehr?

Stellen wir die Frage noch etwas anders:

Was, wie und vor allem mit wem trinke ich?

"Ich trinke Red Bull, weil (eben nicht weil er Flügel verleiht), sondern weil alle Harten dies tun. Und um noch ein wenig härter zu sein, mixe ich ihn mit Alkohol. Da gucken die anderen aber. Ganz besonders an der Schneebar in Sölden." Eine durchaus denkbare Antwort auf die oben gestellte Frage.

Bleiben wir zunächst bei dieser Frage und hören die Antwort eines gut situierten, mit genügend Geld versehenen und (wie er meint) mit viel Kultur bedachten Mitbürgers: "Red Bull so was doch nicht! Ich bevorzuge einen 53er-Rothschild, angenehm im Bukett, in einer gepflegten Atmosphäre. Wenn dieser Wein Zunge und Gaumen berührt ist es wie eine Offenbarung. Dann werden alle Sinne angesprochen. Exquisit. Nur vom Feinsten! Wie meine Gesellschaft. Natürlich teuer, aber das macht ja nichts." Schon etwas anderes nicht wahr?

Trinken – ein Grundbedürfnis zur Befriedigung des Durstgefühls?

Offensichtlich ist "Trinken" aber weitaus mehr, als unsere Eingangsfrage "Warum trinke ich?" vermuten lässt.

Schön und gut. Aber das Thema war doch Sport, werden Sie mit Recht sagen.

Dazu eine Frage an Sie, lieber Leser: Ist "Trinken" nicht durch "Sport" austauschbar? Können wir nicht folgende Fragen stellen:

– Warum treibe ich Sport?
– Warum bevorzuge ich Boxen, ein anderer Golf?
– Wie und mit wem möchte ich meinen Sport betreiben gesellig, modebewusst oder hochleistungsorientiert?

Wir sehen, die Sachverhalte liegen eng beieinander!

Sport ist also kein isolierter Bereich der besondere, nur für ihn geltende Ausprägungen hat. Kein Bereich, der sich von anderen Bereichen abgrenzt. Sport ist ein Teil unserer gesellschaftlichen Kultur, ja ein Teil der Gesellschaft selbst. Lediglich die Art und Weise der Interaktion ist unterschiedlich, da der Sport meistens einen körperlichen Bezug hat und in ihm Körperlichkeit zum Ausdruck kommt.

3.1 Psychologische Hintergründe

3.1.1 Motiv und Motivation

Greifen wir die eben gestellten Fragen nach dem Warum und nach dem Wie des Sporttreibens noch einmal auf.

Nehmen wir einmal an, die gefragte Person antwortet, sie würde sich bewusst für die eine oder für die andere Sportart und für das Wie der Ausübung entscheiden. Schon sind wir mitten in der Motivationspsychologie.

Ein elementarer Ansatz der Motivationspsychologie betrachtet den Menschen als ein planendes, auf die Zukunft gerichtetes und sich aktiv entscheidendes Wesen. Dabei haben alle Handlungen des Wesens (und dazu gehört auch die Wahl der Sportart und die Art der Ausübung) einen Sinn, sind zweckorientiert und durch das Bewusstsein gesteuert. Die Motivationspsychologie will in diesem Sinne herausfinden, zu welchem Zweck jemand eine Handlung ausübt (Motive). Es wird davon ausgegangen, dass bei verschiedenen Personen teils recht unterschiedliche, teils aber auch gemeinsame Motive für dieselben Handlungen vorliegen.

Kommen wir nun zum Sport und versuchen zu ergründen, was denn das Sporttreiben mit Motiven zu tun hat.

So ist es denkbar, dass ein Sportler die Sportart Boxen ausüben wird, weil er durch das Training besonders schlagkräftig wird und sich so in Gefahrensituationen angemessen verteidigen kann. Ein anderer wird boxen, weil es sein ganzer Freundeskreis macht und er nicht allein dastehen möchte. Ein dritter wird möglicherweise boxen, weil er den Kampf Mann gegen Mann ohne technische Hilfsmittel als besonders herausfordernd findet. Ein vierter wird boxen, weil er hierdurch seine Aggressionen abzubauen glaubt.

Aus diesem kurzen Beispiel wird schon klar, dass es nicht einfach ist, die Motive (man könnte auch sagen: die Beweggründe) für sportliche Aktivitäten (hier das Boxen) herauszufinden. Oftmals ist es auch nicht nur ein einziges Motiv, welches eine Handlung begründet, sondern es sind ganze Motivgruppen, von denen (wenn überhaupt) nur die handlungsleitenden Motive zutage treten. Gleiches gilt natürlich auch für Motive (Motivgruppen) bei nicht-sportlichen Handlungen.

So bereitet die Erforschung von Motiven jedweder Art erhebliche methodische Schwierigkeiten. Denn was jemanden letztlich zu einer Handlung bewegt (motiviert) kann nur bei der jeweiligen Person selbst erfragt werden und unterliegt somit einer sehr subjektiven Ausprägung.

Fasst man die bisherigen Forschungsergebnisse zusammen, so lassen sich unter anderem folgende Motive sportlichen Handelns herausfinden (zitiert nach: Voigt, 1992):
– Freude, Spaß, Vergnügen, Lust
– Gesundheit, Fitness, Ausgleich
– Selbstfindung, Erleben von Grenzbereichen
– Suche nach neuen Erfahrungen
– Erfüllung des Bewegungsdranges
– Streben nach sozialen Kontakten
– materieller und persönlicher Gewinn, Privilegien
– Selbstdarstellung
– Abnehmen, Wohlbefinden
– Vertiefung von motorischen Fertigkeiten
– Widerstand gegen Stress und Krankheiten
– Erhöhung des Selbstwertgefühls und Selbstbewusstseins
– Spannung und Entspannung
– Gemeinsames und aktives Erleben von Freizeit

Diese Aufzählung ließe sich je nach Forschungsansatz noch weiter ausführen. Spezielle Untersuchungen weisen zusammenfassend auf folgende Motivgruppen für das Sporttreiben hin:
– Befriedigung sozialer Bedürfnisse (soziales Motiv)
– Streben nach Anerkennung, Selbstwert (Anerkennungsmotiv)
– Verbesserung der Gesundheit (Gesundheitsmotiv)
– Erleben von Risiko und Spannung (Risikomotiv)
– Befriedigung ästhetischer Bedürfnisse (ästhetisches Motiv)

- Erbringung von Leistung (Leistungsmotiv)
- Abbau emotionaler Spannungen (Karthasismotiv)
- Abbau von Aggressionen (Aggressionsmotiv)

Aus den bisherigen Forschungsergebnissen können wir weiter festhalten, dass sportliche Aktivitäten nicht nur von Motiven abhängig sind, sondern dass eine allgemeine körperliche Bewegung auch ein Grundbedürfnis des Menschen ist, sowohl physischer als auch psychischer Art. Die geschichtliche Entwicklung des Sports zeigt, dass ein Verlangen nach sportlicher Betätigung immanent vorhanden ist.

Sport und Spiel bieten dabei vorzügliche (oft die einzigen) Handlungsfelder zum Befriedigen dieses Verlangens.

Je nachdem, welche oben genannten Motivgruppen bei dem jeweiligen Individuum im Vordergrund stehen, wird das Individuum sich für die Ausübung einer Sportart entscheiden. So finden sich Menschen in Sportarten, die ähnliche Motive zum Ausüben gerade dieser Sportart haben. Es ist aber auch eine alltägliche Erkenntnis, dass Menschen mit unterschiedlichen Motiven die gleiche Sportart betreiben.

Dieser Sachverhalt vereinfacht das Sporttreiben allerdings nicht, sondern verkompliziert es auf eine erhebliche Weise.

Betrachten wir eine Sportgruppe im Fußball.

Ein Teil dieser Gruppe will Fußball spielen, um das Aggressionsmotiv zu befriedigen. Ein anderer Teil möchte das soziale Motiv, ein dritter Teil das Leistungsmotiv befriedigen. Wenn ein gemeinsames Spiel stattfindet, sind Konflikte vorprogrammiert und eine gute Schiedsrichterleistung ist gefragt.

Doch kommen wir nun zum Abenteuer- und Erlebnissport. Gemäß unserer Voraussetzung gilt, dass der Sport ein Handlungsfeld ist, in welchem grundsätzlich alle oben genannten Motive befriedigt werden können. Die Anlage und Ausrichtung des jeweiligen Sportangebotes trägt jedoch seinen Teil dazu bei, dass nicht alle Motive gleichzeitig befriedigt werden (beim Ballett wird wahrscheinlich ein anderes Motiv befriedigt als beim Boxen).

Bieten wir Abenteuer- und Erlebnissport an, werden von der Wortwahl Abenteuer und Erlebnis her schon bestimmte Motive in den Vordergrund gerückt. Hier steht mit größter Wahrscheinlichkeit das Risikomotiv an erster Stelle. Es werden also diejenigen Menschen als aktiv handelnde, planende und vorausschauende Personen den Abenteuer- und Erlebnissport auswählen, die zunächst ihr Risikomotiv befriedigen wollen.

Schön wäre es, wenn wir davon ausgehen könnten, dass das Risikomotiv das einzige handlungsleitende Motiv bei allen Teilnehmern des Abenteuer- und Erlebnissports ist. Dann wäre der Abenteuer- und Erlebnissport eine einfach zu planende Sache, verliefe immer harmonisch, denn alle wollen ja das gleiche.

Oft sind es jedoch auch andere Motive, die ebenfalls eine wesentliche Rolle spielen.

Mit welchen Motiven müssen wir im Abenteuer- und Erlebnissport also rechnen?

Noch einmal. Aus der Sicht der Motivationspsychologie geht es darum, dass Menschen bewusst handeln, sich also vorher überlegen, wozu sie eine Handlung ausüben. Setzen wir das bewusste, gezielte Handeln voraus, so können wir mit größter Wahrscheinlichkeit, dies belegen zahlreiche Untersuchungen aus 15 Jahren Abenteuer- und Erlebnissport, mit folgender Rangfolge von Motiven rechnen:

1. Risikomotiv
2. soziales Motiv
3. Anerkennungsmotiv
4. Karthasismotiv
5. Leistungsmotiv

Diese Rangliste der handlungsleitenden Motive beim Abenteuer- und Erlebnissport besitzt keine Ausschließlichkeit. Sie ist ein Annäherungsversuch an den Abenteuer- und Erlebnissport und gilt nur für Abenteuer- und Erlebnissportangebote, die sich die Teilnehmer als bewusst handelnde Menschen freiwillig ausgesucht haben.

Tritt Zwang dazu, etwa im Bereich des Schulsports (Notengebung), dann ändern sich auch die handlungsleitenden Motive zur Teilnahme am Abenteuer- und Erlebnissport. Nur wenn eine gewisse Freiheit bei der Teilnahme gewährleistet ist, können wir mit der oben aufgeführten Rangfolge von Motiven rechnen.

Ist die Entscheidung für die Teilnahme am Abenteuer- und Erlebnissport gefallen, dann muss es den Teilnehmern ermöglicht werden, im Abenteuer- und Erlebnissport eigenverantwortlich zu handeln. Nur dann werden sie auf der Grundlage ihrer Motive handeln, so unterschiedlich diese im Extremfall auch sein mögen.

Die Leiter müssen dann in der Lage sein, die spezifischen Motive zu erkennen, auf sie zu reagieren und mit Ihnen umzugehen. Denn nur mit der Kenntnis der handlungsleitenden Motive können Situationen geschaffen werden, in denen die Teilnehmer eigenverantwortlich und ehrlich handeln.

Es nutzt uns nichts, wenn wir Highlights wie den Trapezsprung anbieten und nicht wissen, dass einige Teilnehmer ihn nur ausführen, um ihr Anerkennungsmotiv zu befriedigen. Wir müssen fähig sein, mit diesen Teilnehmern zu sprechen und ihre Motive zu thematisieren. Dies ist ganz besonders für die Schule von Bedeutung. Denn dort sollen und können den Schülern und Schülerinnen ihre Motive zu den jeweiligen Handlungen verdeutlicht werden.

Erst durch ein Reden über die Motivationslagen, so schwierig das im Einzelfall auch sein mag, können die Schüler über sich selbst nachdenken und ein Stück mehr reflektierte Eigenverantwortung einbringen. Gerade für den Schulsport können hier Ansatzpunkte liegen, problematische Verhaltensweisen aufzudecken und diese mit den Schülern an konkreten Situationen zu besprechen. Oft zeigen die Schüler ja kein beabsichtigt böswilliges Verhalten, häufig ist den Schülern ihr (negatives) Verhalten einfach nicht bewusst, da es immer häufiger vorkommt, dass die Schüler schon im Elternhaus nicht mehr lernen, über ihr eigenes Verhalten zu reflektieren. Die Motive den Unterricht zu stören, den starken "Macker" zu markieren, Mädchen als "Weichlinge" zu titulieren und sich über Schwächere lustig zu machen sind vielfältig und können durch bestimmte Situationen im Abenteuer- und Erlebnissport zu Tage gefördert werden.

Dies geschieht natürlich nicht von selbst, sondern verlangt von den Lehrerinnen und Lehrern ein Hineindenken in die jeweilige Situation und ein großes Fingerspitzengefühl. Mit Sicherheit keine einfache Angelegenheit.

3.1.2 Angst und Angstüberwindung

Das Thema Angst und Angstüberwindung ist für die Teilnehmer und für die Leiter im Abenteuer- und Erlebnissport ein außerordentlich wichtiger Problembereich, der einer besonderen Betrachtung bedarf.

Angst und Ängstlichkeit sind zwei Begriffe, die sowohl im umgangssprachlichen als auch im wissenschaftlichen Sinn gebraucht werden. Beschreibt man eine Person als ängstlich, so wird meistens davon ausgegangen, dass diese Person nicht einmalig ängstlich, sondern in verschiedenen Situationen ängstlich reagiert. Es wird also davon ausgegangen, dass "Ängstlichkeit" eine Eigenschaft ist. Eine Eigenschaft bezeichnet das Verhalten, was eine Person über einen längeren Zeitraum hinweg in vielen verschiedenen Situationen zeigt.

Diese "Eigenschaftskonzepte" sind in der Psychologie nicht ganz unumstritten. Denn diese Konzepte gehen davon aus, dass das Verhalten der Person nicht, bzw. kaum von äußeren Gegebenheiten (Situationen) beeinflusst wird.

Wir wissen aber aus der Erfahrung, dass eine Person in ähnlichen Situationen durchaus recht unterschiedlich reagieren kann. So kann eine Person im Bekanntenkreis einen Witz erzählen, ein anderes mal, etwa vor einer Kollegengruppe, kann diese Person es nicht. Folglich haben unterschiedliche äußere Gegebenheiten auch Einfluss auf die Personen.

Letztlich können wir festhalten, dass es nicht eindeutig geklärt ist, ob die "Eigenschaft Ängstlichkeit" als immer wieder auftretendes Verhalten unabhängig von äußeren Gegebenheiten existiert, oder ob der Grad der Ängstlichkeit nicht auch von äußeren Gegebenheiten abhängt.

18

Wir müssen folglich annehmen, dass die Teilnehmer und Teilnehmerinnen im Abenteuer- und Erlebnissport in bestimmten Situationen ängstlich reagieren, in anderen Situationen aber möglicherweise völlig mutig sind und dass es auch Teilnehmer und Teilnehmerinnen gibt, die eine gewisse "Grundängstlichkeit" haben.

Es gibt auch Menschen, die bewusst von einer risikoreichen Situation zur nächsten eilen. Manchmal führt dies soweit, dass das Aufsuchen risikoreicher Situationen zum Zwang wird. Ebenso gibt es Menschen, die, wo es eben möglich ist, risikoreiche Situationen meiden und diesen aus dem Weg gehen.

Die Ängstlichkeit, verstanden als überdauernde Eigenschaft eines Menschen, ist aber nicht die Ängstlichkeit, die im Abenteuer- und Erlebnissport von ausschlaggebender Bedeutung ist. Die Angst mit der wir es im Abenteuer- und Erlebnissport zu tun haben hängt eng mit dem Risikomotiv zusammen. Das Risikomotiv ist es ja letztlich, was (bei jedem vorhanden) den Nervenkitzel produziert. Das Herausgehen aus einer gewohnten und deshalb sicheren Situation, das etwas mehr Versuchen als beherrschbar ist, das Aufsuchen unbekannter Situationen – das alles bedeutet auch eine gewisse Angst. Angst vor dem Ausgang dieser Situation.

Natürlich ist Angst nicht gleich Angst. Denn ob jemand Angst hat, sich an einem Seil allein in die Tiefe zu stürzen, ob jemand Angst hat, sich mit verbundenen Augen in die Arme anderer fallen zu lassen, oder ob jemand Angst hat, sich durch ungeschickte Bewegungen vor anderen zu blamieren, sind unterschiedliche Sachverhalte.

Das Gros unserer Teilnehmer und Teilnehmerinnen wird immer ein gewisses Maß an Risiko und Wagnis suchen, sich immer einem gewissen Maß an Angst aussetzen. Denn Angst bedeutet eine gewisse Stimulanz, ein Kribbeln im Bauch, ob das was man gerade vorhat auch gelingt. Besteht man eine Situation, ist die Angst schnell vergessen und es folgt eine positive Spannungsentladung mit den bereits beschriebenen Folgen. Besteht man eine Situation nicht, kommt es zwangsläufig zu einer negativen Spannungsentladung. Wir sehen schon hier, wie wichtig das Gelingen von Situationen ist.

Im Abenteuer- und Erlebnissport werden wir bei unseren Teilnehmern und Teilnehmerinnen unterschiedliche Grade von Angst antreffen. Wir müssen demzufolge Situationen schaffen, die eben diese unterschiedlichen Grade von Angst beinhalten. Es nutzt uns und vor allem den Teilnehmern und Teilnehmerinnen wenig, wenn wir sie mit Situationen konfrontieren, die eine Angstschwelle beinhalten, die nicht, oder nur von den wenigsten zu überwinden ist.

Dies heißt zum einen, dass die Situationen methodisch geordnet angeboten werden müssen. Sowohl der Grad des Risikos als auch der Grad der zu überwindenden Angst darf nur langsam gesteigert werden. Vom Gehen über einen auf dem Boden liegenden Schwebebalken bis hin zum Klettern und Abseilen in einer hohen Felswand ist es ein weiter Weg.

Zum anderen müssen die Situationen inhaltlich geordnet werden. Dies heißt, das Situationen angeboten werden müssen, die sowohl das Überwinden der individuellen (inneren) Angst (Mut beim Trapezsprung) als auch das Überwinden der sozialen (äußeren) Angst (Vertrauen zu anderen haben, Angst sich zu blamieren) berücksichtigen.

Unsere Teilnehmer begeben sich mit all ihren situationsspezifischen Ängsten in unsere Hände. Sie haben Vertrauen zu uns, dass wir Herr der Situation sind. Sie vertrauen darauf, dass wir mit ihrer Angst angemessen umgehen und sie vertrauen darauf, dass wir ihre Ängste ernst nehmen.

Im Abenteuer- und Erlebnissport gilt es, die unterschiedlichen Ängste der Teilnehmer zu erkennen und aufzufangen. Wir müssen mit geeigneten Mitteln versuchen, Ängste zu reduzieren. Dieses Reduzieren der Angst bedeutet nicht, dass wir den Teilnehmern vorgaukeln, das überhaupt keine Gefahr bestehen würde. Es bedeutet auch nicht, dass die Situationen mit allen zur Verfügung stehenden Matten und Polstern abgesichert werden. Vielmehr müssen wir Teilnehmern und Teilnehmerinnen einen methodisch geordneten Weg aufzeigen, mit dessen Hilfe sie Erfahrungen machen und daraus ableitend realistische Einschätzungen der eigenen Fähigkeiten herleiten können. Angst soll nicht unterdrückt werden. Die Teilnehmer sollen mit ihrer Angst umgehen und sie einschätzen lernen.

3.1.3 Hilfe geben und Hilfe nehmen

Wenn an dieser Stelle auf die Phänomene Hilfe nehmen und Hilfe geben eingegangen wird, dann geschieht dies deshalb, weil das Bereitsein zu Helfen und das Bereitsein Hilfen anzunehmen in unserer heutigen Gesellschaft immer seltener vorzufinden ist. Wer kennt nicht die Fernsehberichte, in denen immer wieder darauf hingewiesen wird, dass Menschen oft teilnahmslos dem Leiden anderer zuschauen. Oder betrachten wir das Verhalten im Schul- und Freizeitbereich. Dort finden sich immer mehr Kinder und Jugendliche, die das Annehmen von Hilfen als Schwäche deuten. Denn der Starke braucht doch keine Hilfe. Selbst in Einführungslehrgängen beim Abenteuer- und Erlebnissport ist es nicht selten, dass Teilnehmer und Teilnehmerinnen die angebotenen Hilfen anderer ablehnen, weil sie es doch alleine schaffen möchten.

Im Abenteuer- und Erlebnissport ist es ein wichtiges Ziel, die Bereitschaft zu helfen und die Bereitschaft auch Hilfen anzunehmen zu fördern und zu fordern. Um dies in der richtigen Art und Weise zu tun, sind einige Anmerkungen zu diesem Thema notwendig.

Betrachten wir zunächst das Phänomen der Hilfeleistung, dann können wir feststellen, dass im Wesentlichen die Einschätzung der eigenen Verantwortlichkeit für die Notlage eines anderen bestimmt, ob Hilfe gewährt oder verweigert wird. Die eigene Verantwortlichkeit für andere wird durch das eigene Erleben von positiven Stimmungen und Erfolgserlebnissen gesteigert, während Sorgen, Ärger und Ängste diese Verantwortlichkeit für andere herabsetzen und die Bereitschaft zum Helfen vermindern. Der bisherige Lebensweg, das heißt, die bisherigen positiven und negativen Erfahrungen mit dem Phänomen Hilfe geben, sind also von entscheidendem Einfluss auf den aktuellen Grad des Bereitseins zur Hilfe. Dies bedeutet zum einen, dass wir Teilnehmer und Teilnehmerinnen haben, die von vornherein bereit sind, anderen zu helfen. Dies bedeutet aber auch, dass wir im Abenteuer- und Erlebnissport ebenso Teilnehmer und Teilnehmerinnen finden, die nicht in der Lage sind, auf andere zuzugehen und ihnen Hilfen anzubieten, weil sie in ihrer bisherigen Karriere negative Erfahrungen hiermit gemacht haben.

Die Entscheidung, ob letztlich Hilfe gewährt oder verweigert wird, läuft im Wesentlichen im Unbewussten ab. Natürlich entscheiden wir uns auch zu einem Teil bewusst, ob wir Hilfe geben oder verweigern. Die Motive hierzu, also die bewussten Beweggründe Hilfe zu geben, können sehr unterschiedlich sein. So kann es zu Hilfeleistung kommen, weil das Anerkennungsmotiv im Vordergrund steht: "Seht, ich bin in der Lage Hilfen zu geben." Ebenso kann aber auch das soziale Motiv von ausschlaggebender Bedeutung sein. Wir sehen, Hilfe geben ist in Grunde genommen ein recht kompliziertes Geschehen.

Im Abenteuer- und Erlebnissport haben wir die außergewöhnliche Möglichkeit, zum einen positive Erlebnisse hinsichtlich einer erfolgreichen Hilfeleistung vermitteln zu können und zum zweiten auch handlungsleitende Motive zur Hilfeleistung zu thematisieren. Dies hat zur Konsequenz, dass wir im Abenteuer- und Erlebnissport Situationen schaffen müssen, in denen die Teilnehmer und Teilnehmerinnen positive Erfahrungen mit dem Komplex von "Hilfe geben" machen können und den Teilnehmern und Teilnehmerinnen die Möglichkeit bieten müssen, über die motivationalen Aspekte zu sprechen.

Ähnlich ist es mit dem Phänomen der Annahme von Hilfe. Auch hier sind die individuellen Erfahrungen von ausschlaggebender Bedeutung. Wer von klein auf erfahren hat, dass die Annahme von Hilfe eine Schwäche ist, der wird nur schwer in der Lage sein, (nicht nur) im Abenteuer- und Erlebnissport die Hilfen anderer anzunehmen. Denn die Annahme von Hilfen ist gleichbedeutend mit einer Offenlegung der eigenen Hilflosigkeit. Auch dies hat eine unmittelbare Konsequenz für den Abenteuer- und Erlebnissport. Es genügt nicht, nur Situationen zu schaffen, in denen eine potentielle Hilfeleistung möglich ist, es muss auch eine Atmosphäre geschaffen werden, in der die Annahme von Hilfe keine Schande ist. Dies bedingt, dass wir im Abenteuer- und Erlebnissport ein besonderes Augenmerk auf die methodische Abfolge der unterschiedlichen Situationen werfen müssen.

3.2 Soziologische Grundlagen

3.2.1 Das Individuum in der Gesellschaft

Verlassen wir nun die Ebene des Individuums als aktiv handelndes, planendes und auf die Zukunft gerichtetes Wesen, mit anderen Worten: Verlassen wir die Ebene des "freien Individuums" und begeben wir und auf die Ebene der Gesellschaft, in der das Individuum nun nicht mehr so frei ist.

Ziehen wir unsere drei Ausgangsfragen noch einmal heran:

1. Warum trinke ich?
2. Warum trinke ich lieber Kaffee und ein anderer lieber Tee?
3. Was, wie und vor allem mit wem trinke ich?

Die Antworten auf diese Fragen sind uns noch präsent. Das Trinken allein zur Durststillung ist mit Sicherheit kein Untersuchungsgegenstand der Soziologie. Hier geht es um die Befriedigung eines Grundbedürfnisses, die Beantwortung der Frage liegt also eher im medizinischen Interesse.

Doch schon bei der Antwort auf die zweite Frage, rückt die Soziologie in den Vordergrund. Offensichtlich empfindet der zweite Zeitgenosse wesentlich mehr beim Teetrinken, als eine bloße Erregung der Geschmacksnerven auf der Zunge. Die Atmosphäre, das Zusammensein, ja der Stil der Ausübung ist bei ihm das Entscheidende. Tee ist hier auch ein Mittel zum Zweck, einen bestimmten Lebensstil zu leben.

Deutlicher wird dies noch bei der Beantwortung der dritten Frage. Die "Art und Weise" der Ausübung und der gesellschaftliche Zusammenhang treten hier ganz besonders hervor. Hier geht es nicht mehr um die Befriedigung eines Grundbedürfnisses aus medizinischer Sicht, sondern um die reine Ausformung und Darstellung eines bestimmten Lebensstils.

Doch was ist mit dem Sport? Finden wir ähnliche Phänomene, ähnliche Verhaltensweisen und Darstellungsweisen von Lebensstilen auch beim sportlichen Engagement?

Zunächst ist die Beantwortung sehr einfach.

Betrachten wir das Golfspiel. Zum Golfen gehört nicht nur das nötige Geld, um diese Sportart ausüben zu können, sondern auch ein bestimmter Lebensstil, ohne den eine Mitgliedschaft im Golfclub nicht denkbar ist. Dazu ein Beispiel.

Anzeige in der "Welt" "Golf Spezial" vom 26.3.1997:

Mit Golfball und Concorde rund um die Welt. Start 11.1.1998. Eine Reise für Kurzentschlossene, denn der Veranstalter meldet bereits 70% Reservierungen. Preis: 62.800 DM.
Wir können uns leicht vorstellen, dass diese Reise von ganz bestimmten Menschen gebucht wird. Bis vor kurzem hätte man noch gesagt, dass es sich um die Ober- bzw. obere Mittelschicht handelt, denn 62.800 DM sind das Brutto-Jahreseinkommen eines gut verdienenden Arbeiters. Einen "Otto- Normalverbraucher" werden wir auf dieser Reise sicherlich nicht finden.

Betrachten wir nun im Gegensatz zum Golf kurz und knapp das Boxen. Stellen wir uns vor, ein gut situierter, in teurem Tuch gekleideter, feiner Mensch betritt einen Boxclub. Vorher hat er an einen Fünf-Gänge-Menue im Bankmanagement teilgenommen. Nachher wartet die Maniküre und die Planung des nächsten Turns mit der eigenen Yacht nach Monte Carlo. Er lässt sich von seinem Chauffeur im JAGUAR XJ 12 bis vor den Club bringen, betritt mit seinem BOSS Anzug die Umkleidekabine und stellt seine LACOSTE Tasche auf die verschwitzen und nach Schweiß riechenden Umkleidebänke vor den verbeulten Stahlschränken auf denen einige Pin Up's hängen. Sein OTTO KERN Parfum kommt nicht mehr zur Geltung. Er zieht sich um (LACOSTE Trainingsanzug) und begibt sich zum Boxtraining in den Ring, wo sein Gegner schon schweißgebadet steht, während der Chauffeur geduldig auf ihn wartet und den DON PERIGNON Champagner schon einmal einkühlt.

Ah, Sie werden sagen: Das gibt es doch so gar nicht!

Recht haben Sie! Aber warum gibt es das so gar nicht? Dieser Frage werden wir uns nun zuwenden.

Offensichtlich wählen verschiedene Personen, je nach gesellschaftlicher Stellung unterschiedliche Sportarten aus, die sie aktiv ausüben. Dies belegen alle sportsoziologischen Untersuchungen. So werden in der neuen Studie "Kindheit, Jugend und Sport in Nordrhein-Westfalen" folgende Zusammensetzungen der Mitglieder in Sportvereinen nach Bildungsgrad aufgeführt (Auswahl):
– Volleyball:
  (67%Gymnasiasten, 17%Realschüler, 17%Hauptschüler),
– Basketball:
  (40%Gymnasiasten, 36%Realschüler, 24%Hauptschüler),
– Schießen:
  (10% Gymnasiasten, 25% Realschüler, 65% Hauptschüler).
Nur ein Zufall? Mit Sicherheit nicht!

Um zu erklären, warum diese Zusammensetzung so und nicht anders aussieht, aussehen muss, warum sich auch die Ausübenden von Golf und Boxen, von Volleyball, Basketball und Schießen deutlich unterscheiden, wird ein klei-

23

ner Einblick in den Aufbau und das Funktionieren einer modernen Gesellschaft notwendig. Denn für uns ist ja enorm wichtig zu wissen, welche Zusammensetzungen an Teilnehmern und Teilnehmerinnen wir im Abenteuer- und Erlebnissport erwarten müssen. Nur so können wir sinnvoll und verantwortungsbewusst mit diesem Handlungsfeld umgehen, Handlungsvollzüge planen und Schwierigkeiten begegnen. Sport ist eben keine so einfache Sache, wie es landläufig angenommen wird.

3.2.2 Aufbau und Funktion unserer Gesellschaft

Ein Individuum ist, dies haben wir ja bereits gehört, nicht völlig frei in seinen Entscheidungen. Es muss sich an bestimmten, allgemeingültigen Regeln des Zusammenlebens in einer Gesellschaft orientieren. Es ist also in ein gesellschaftliches System eingebunden. Jeder Mensch handelt in diesem System teils bewusst (Motive), zum größten Teil aber unbewusst. Denn wir überlegen uns nur zu einem geringen Teil immer die Konsequenzen einer Handlung und planen nur in wenigen Fällen im Detail in die Zukunft. Der Großteil unserer alltäglichen Handlungen wird von uns nicht präsenten Steuerungsmechanismen, also unbewusst gesteuert. Diese unbewussten Steuerungsmechanismen wollen wir "Habitus" nennen.

Was wir, wie wir und mit wem wir wann etwas gemeinsam machen, wird nur zu einem kleinen Teil bewusst, zu einem weitaus größeren Teil aber unbewusst gesteuert. Diese unbewusste Steuerung ist eine wesentliche Grundvoraussetzung, die zum Funktionieren einer Gesellschaft notwendig ist. Ohne die unbewussten Mechanismen müßte sich der Mensch zu jeder Zeit, in jeder Sekunde seines Alltags die Konsequenzen seiner Handlungen vor Augen führen. Dies ist schlichtweg unmöglich.

Wie aber kommt es zu diesen unbewussten Mechanismen?

Betrachten wir den Aufbau unserer Gesellschaft einmal genauer, so können wir zweifelsfrei feststellen, dass unsere Gesellschaft einer gewissen Ordnung unterliegt: es gibt ein oben und unten, ein rechts und links. Früher sagte man: Es gibt eine Oberschicht, eine Mittelschicht und eine Unterschicht. Schön sauber nach Einkommen getrennt. Heute weiß man, dass eine moderne Gesellschaft nicht so einfach aufgebaut ist.

Jedes Individuum in unserer Gesellschaft hat drei verschiedene, grundlegende Kapitalien, mit denen es am gesellschaftlichen Leben teilnimmt und diese dort einsetzt. Diese Kapitalien bestimmen letztlich die Position innerhalb der Gesellschaft. Wir besitzen:

kulturelles Kapital (z.B. den Schulabschluss), ökonomisches Kapital (z.B. Geld und Grundbesitz), soziales Kapital (z.B. soziale Kontakte).

Diese Kapitalien sind aber ungleich verteilt, der eine hat mehr kulturelles Kapital (Abitur), der andere weniger (keinen Schulabschluss), der eine mehr ökonomisches Kapital (vererbter großer Grundbesitz von den Eltern, hohes Monatseinkommen), der andere weniger (kein Erbe, geringes Monatseinkommen), der eine viel soziales Kapital (Freunde in der Politik, viele Kontakte zu wichtigen Leuten), der andere weniger (keine Freunde in der Politik).

Je nach Menge und Verteilung dieser Kapitalien, findet sich das Individuum in verschiedenen Klassen der Gesellschaft wieder. Jemand, der viel von allen Kapitalien hat ist in der höchsten Klasse, jemand der wenig von den Kapitalien hat in der niedrigsten Klasse. (vgl Böhnke, 1992)

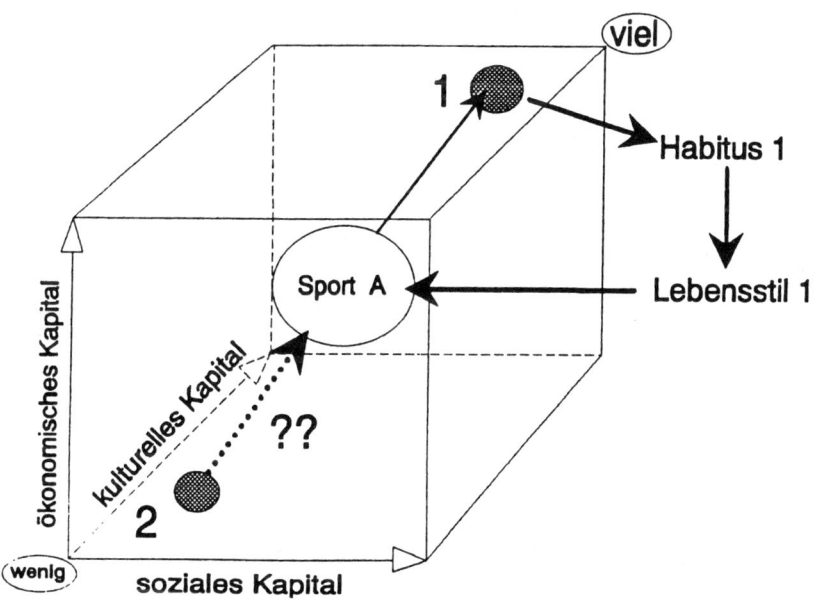

Würfel aus BÖHNKE: *Sport, Delinquenz und Lebensstil*

Kommen wir noch einmal auf den Habitus zu sprechen. Da er uns nicht bewusst ist, wird für uns nun folgender Aspekt wichtig:

Alle Individuen, die sich in einer Klasse befinden, haben einen ähnlichen "Habitus".

Dieser "Habitus" bewirkt, dass sich die Menschen einer jeweiligen Klasse unbewusst so verhalten, wie es in dieser Klasse gefordert wird: Sie werden sich auf eine bestimmte Art und Weise kleiden, sie werden auf eine bestimmte Art und Weise essen und trinken, und sie werden auf eine bestimmte Art und Weise einen Sport ausüben. Dies funktioniert automatisch, ohne dass wir jedesmal groß darüber nachdenken müssen und vor allem ohne daß es uns bewusst wird!

Nur: Nicht jede Sportart ist geeignet, sie auf eine bestimmte Art und Weise auszuüben. Ballett ist nicht geeignet, Aggressionen abzubauen. Boxen ist nicht geeignet, Bankmanager beim Training zu treffen. Schießen ist nicht geeignet, um französische Konversation zu pflegen, wie wir ja in den obigen Beispielen gesehen haben.

Mit anderen Worten:

Es gibt Sportarten, da treffen sich Menschen mit einem ganz bestimmten Habitus und einer spezifischen Ausprägung von Kapitalien. So z.B. im Golf (hohes ökonomisches, gehobenes kulturelles und gehobenes soziales Kapital), oder Schießen (geringeres kulturelles, geringeres ökonomisches und geringeres soziales Kapital).

Diese Liste ließe sich beliebig erweitern.

Ein Phänomen ist nun, dass die Mitglieder der verschiedenen gesellschaftlichen Klassen nichts (wenig) mit den Mitgliedern anderer gesellschaftlicher Klassen zu tun haben wollen, sie grenzen sich ab (z.B. im Golf durch extrem hohe Aufnahmegebühren und hohe Jahresbeiträge). In der Soziologie wird dies "Distinktion" genannt. So ist ein Mitglied einer unteren gesellschaftlichen Klasse nicht im Golfclub erwünscht, genauso wenig, wie ein Mitglied einer oberen gesellschaftlichen Klasse im Boxclub erwünscht ist. Man bleibt lieber unter sich. Denn da kennt man die geforderten Verhaltensregeln, da fühlt man sich wohl, da fühlt man sich "zu Hause".

Hier verlassen wir die tieferen Bereiche der Soziologie schon wieder, denn unsere erste Erklärung haben wir: Menschen suchen sich bewusst (Motive) und unbewusst (Habitus) bestimmte Sportarten aus, auch um unter sich zu bleiben. Dass der eigentliche Sachverhalt wesentlich komplexer ist, mag jedem einleuchten. Ihn darzustellen, würde aber des Anliegen dieses Handbuches sprengen und nichts an der eigentlichen Tatsache ändern.

3.2.3 Abenteuer- und Erlebnissport im Raum der Gesellschaft

Aber wie sieht es nun im Abenteuer- und Erlebnissport aus. Ist dieser auch ein Handlungsfeld, wo sich nur bestimmte gesellschaftliche Klassen treffen? Wo anderen Klassen der Zugang verwehrt wird?

An dieser Stelle zeigt sich die (noch) herausragende Bedeutung des Abenteuer- und Erlebnissports, sofern er außerhalb fester Vereinsstrukturen angeboten wird. Dort treffen in den meisten Fällen Individuen mit unterschiedlichem Habitus zusammen. Dies bringt die große Chance, dass Menschen mit unterschiedlichem Habitus in bestimmten sozialen Situationen zusammenkommen, miteinander agieren und voneinander lernen können.

Innerhalb der Vereine, die ja oftmals eine bestimmte, auf dem Habitus beruhende Struktur haben ist dies nicht selbstverständlich.

Die Vereine selbst sollten die Chancen nutzen, die sich über die Integration des Abenteuer- und Erlebnissports im Verein bietet. Dies könnte insbesondere über offene, abteilungs- und zielgruppenübergreifende Angebote möglich werden.

Die besondere Bedeutung des Abenteuer- und Erlebnissports erklärt sich daraus, dass das Grundmotiv nach Risiko und Spannung (Risikomotiv) in den Blickpunkt gerückt wird. Dieses Motiv ist klassenübergreifend vorhanden. Es tritt sowohl als Motiv (bewusst) wie auch als Habitusausprägung (unbewusst) in jeder gesellschaftlichen Klasse auf. Mitglieder unterschiedlicher gesellschaftlicher Klassen versuchen (auf verschiedene Art und Weise), ihr Risikomotiv zu befriedigen. Das geschieht zum einen in bestimmten Sportarten (z.B. Hochseesegeln oder Boxen), zum anderen aber auch in "neutralen" Handlungsfeldern, die nicht von einer bestimmten Klasse für sich beansprucht werden. Hochseesegeln wird von hohen sozialen Klassen beansprucht, Boxen von niedrigeren.

Ein in diesem Sinne neutrales Handlungsfeld ist (noch) der Abenteuer- und Erlebnissport. Dieses Handlungsfeld bietet folglich mit eine der wenigen Chancen in unserer Gesellschaft, Mitglieder verschiedener sozialer Klassen zusammenzubringen, so dass der eine vom anderen lernen kann.

Wie wichtig ein Lernen voneinander wird, mag jedem Leser klar sein, betrachtet man nur die aktuellen gesellschaftlichen Probleme (Arbeitslosigkeit, Jugendkriminalität, immer größer werdende Unterschiede zwischen Arm und Reich, ...).

Welche konkreten Auswirkungen haben diese Sachverhalte nun für uns im Abenteuer- und Erlebnissport?

Wir müssen uns im Klaren darüber sein, dass wir in unserer Gesellschaft unterschiedliche Klassen haben, und dass sich diese Klassen auch mit Hilfe des Sports voneinander abgrenzen und sich so die Gesellschaft immer weiter differenziert.

Wir müssen uns im Klaren sein, dass wir in einer Gesellschaft leben, in der jeder versucht, sein Riskomotiv zu befriedigen.

Wir müssen uns im Klaren sein, dass der Abenteuer- und Erlebnissport eines der wenigen neutralen Handlungsfelder im Sport bietet, wo ein Miteinander der verschiedenen Klassen möglich ist.

Wir müssen uns im Klaren sein, dass die Teilnehmer am Abenteuer- und Erlebnissport in der Schule oft unterschiedlichen Klassen angehören, zumindest wenn man nicht nur das kulturelle Kapital, dargestellt am differenzierten Schulsystem (Gesamtschule, Hauptschule, Realschule, Gymnasium) zugrunde legt. Dies wäre eine ohnehin einseitige, nicht zulässige Auslegung. In den Vereinen werden wir oft Teilnehmer finden, die aus gleichen oder benachbarten Klassen stammen. Insofern ist in den Vereinen eine homogenere Zusammensetzung der Teilnehmer zu erwarten als in der Schule.

Für den Abenteuer- und Erlebnissport in der Schule bedeutet dies, das wir nicht mit ein und derselben Sichtweise vom Sport rechnen können, sondern dass hier viele verschiedene Sichtweisen vom Sport vorhanden sind.

Dieser Sachverhalt ist ein ganz wesentlicher Punkt. Wenn wir also im Abenteuer- und Erlebnissport Menschen mit unterschiedlichen Sichtweisen von ein und demselben Handlungsfeld (dem Abenteuer- und Erlebnissport) antreffen, so wird es unter Umständen sehr schwierig, mit allen eine gemeinsame Verständnisgrundlage zu erarbeiten. Hierzu bedarf es nicht nur einer ausgefeilten Methodik, sondern auch eines guten "Fingerspitzengefühls" der Leiter/innen.

Unsere Aufgabe ist es, diese unterschiedlichen Voraussetzungen aufzunehmen, mit ihnen umzugehen und Konflikte, die sich zwangsläufig ergeben werden, zu bearbeiten. Gerade im Abenteuer- und Erlebnissport haben wir eine größere Aufgabe, als nur Bewegungsanweisungen nachzuvollziehen.

Wir dürfen nicht so tun, als gäbe es keine gesellschaftlichen Unterschiede, dies mag der eine gut finden, der andere nicht. Tatsache ist dies allemal. Wir müssen uns die Erkenntnisse von Psychologie und Soziologie aber zu Nutze machen, damit wir im Handlungsfeld Abenteuer- und Erlebnissport verantwortungsbewusst handeln können und keine "bösen Überraschungen" erleben.

4 Pädagogische Vorgehensweise im Abenteuer- und Erlebnissport

Ausgehend von den psychologischen und soziologischen Erkenntnissen ergeben sich einige Konsequenzen für die pädagogische Vorgehensweise im Abenteuer- und Erlebnissport. Wollen wir die pädagogische Vorgehensweise besprechen, so wird ein Blick auf die Didaktik und Methodik des Sports notwendig.

Nach unserer Auffassung bilden Didaktik und Methodik eine Einheit. Sie sind weder von der Anlage, noch vom wissenschaftlichen Standpunkt aus zwei unabhängig voneinander zu betrachtende Phänomene. Für unterschiedliche sportliche Handlungsfelder steht mal mehr die Didaktik, mal mehr die Methodik im Vordergrund. Für den Abenteuer- und Erlebnissport liegt das Schwergewicht eindeutig auf dem methodischen Aspekt.

Wenn wir an dieser Stelle trotzdem zunächst kurz auf die Didaktik eingehen, dann soll dies kein ausführlicher Ausflug in die Didaktikgeschichte sein, sondern vielmehr einige elementare Grundfragen der Didaktik darstellen. Die Diskussion um den Didaktikbegriff ist ja schon ein "alter Hut". So gibt es mittlerweile verblüffend viele Definitionen von "Didaktik". Exemplarisch sei die Definition von Schmitz (1983) aufgeführt: Sportdidaktik ist "die Wissenschaft vom Lehren und Lernen, die Unterrichtshandeln in und durch Sport erforscht, theoretisch aufbereitet und begründet, wobei auch die Lehr- und Lernmöglichkeiten von Sport außerhalb des Schulsportunterrichts in anderen Institutionen (Vereine, Volkshochschulen, Bundeswehr u.a.) mit eingeschlossen sind."

Übersetzen wir dies, dann fragt die Didaktik nach dem Was und Warum. Hierauf soll an dieser Stelle nicht näher eingegangen werden, da wie gesagt, der Schwerpunkt des Abenteuer- und Erlebnissports auf dem methodischen Aspekt liegt.

Betrachtet die Didaktik noch Fragen nach dem Was und Warum, so fragt die Methodik nunmehr nach dem Wie und Warum?

Wollen wir den theoretischen Ansprüchen an den Abenteuer- und Erlebnissport gerecht werden, so ergibt sich zwangsläufig die Forderung nach einer Abenteuer- und Erlebnissportmethodik.

Denn wie Handlungsvollzüge geplant, durchgeführt und reflektiert werden hat entscheidenden Einfluss auf die angestrebten Erfolge. Gerade unter Berücksichtigung der psychologischen und soziologischen Grundlagen wird deutlich, dass die Methodik des Abenteuer- und Erlebnissports mehr leisten muss, als eine Abfolge von Handlungsvollzügen vorzugeben.

29

Die Methodik des Abenteuer- und Erlebnissports ist eine "offene Methodik", d.h. sie ist immer auf die Interaktion zwischen Teilnehmern/Teilnehmerinnen und Leitern/Leiterinnen angewiesen (prozessorientiert). Sie muss je nach Situation und Zielgruppe flexibel angewandt werden, ohne dabei wesentliche Grundprinzipien außer Acht zu lassen. Sie verlangt vom Leiter, bzw. von der Leiterin ein nicht unerhebliches Maß an Fingerspitzengefühl, an Sensibilität, um sich in den verschiedenen Situationen zurechtzufinden. Die Abenteuer- und Erlebnissportmethodik ist kein starres Konstrukt, oder gar Rezept, dies sei noch einmal ausdrücklich betont!

4.1 Grundsätzliches zur Vorgehensweise in den Praxiseinheiten

Nichts ohne vorherige Planung! Dieses Grundprinzip gilt für alle angeleiteten sportlichen Betätigungen, also auch für den Abenteuer- und Erlebnissport.

Selbst spontane Aktionen sollten nur dann durchgeführt werden, wenn sich die Leiter/innen vorher Gedanken über eventuell mögliche Veränderungen im Stundenablauf gemacht haben und über Alternativen bzw. Variationen verfügen.

Erst die langjährige Erfahrung im Abenteuer- und Erlebnissport ermöglicht es den Leitern, auf spontane Veränderungen zu reagieren, ohne jedesmal gezielte Planungen für diese Fälle durchgeführt zu haben.

Dies darf aber nicht so verstanden werden, dass grundsätzlich nicht auf die Wünsche und Anregungen oder auf spontane und manchmal neue Ideen der Teilnehmer und Teilnehmerinnen einzugehen ist. Gerade dies soll ja ein weiteres Grundprinzip des Abenteuer- und Erlebnissports sein. Die Leiter müssen aber bei diesen spontanen Veränderungen in der Lage sein, die physischen und psychischen Auswirkungen und die sicherheitstechnischen Aspekte solcher spontanen Veränderungen zu überschauen und letztlich auch zu verantworten.

Gehen wir von diesen Grundprinzipien aus, dann ergeben sich zur pädagogischen Vorgehensweise fünf grundlegende Planungsschritte:

1. Für welche Gruppe plane ich?
2. Welches Schwerpunktthema setze ich?
3. Welche Ziele verfolge ich mit dieser Stunde/Situation?
4. Welche Lernschritte sind notwendig?
5. Welche Sportgeräte/Medien setze ich ein?

Steht diese Planung, geht es um die konkrete Umsetzung. Hier unterscheidet sich der Abenteuer- und Erlebnissport ganz wesentlich von anderen sportlichen Betätigungen. Die Abenteuer- und Erlebnissportmethodik besteht aus vier

Phasen, wobei nach jeder Situation eine kürzere oder längere Reflexionsphase stehen sollte.

4.2 Phase 1 (Bereitschaft – Akzeptanz – Vorbereitung)

In dieser Phase geht es um eine erste Annäherung an den Abenteuer- und Erlebnissport. Gerade aus den theoretischen Grundlagen ist uns ja bekannt, dass wir mit Teilnehmern und Teilnehmerinnen zu rechnen haben, die mit möglicherweise recht unterschiedlichen Motiven (das Risikomotiv wird bei den meisten Teilnehmern und Teilnehmerinnen im Vordergrund stehen) und unterschiedlichem Habitus am Abenteuer- und Erlebnissport teilnehmen. Es wird in dieser Phase also wichtig, zunächst ein erstes Vertrautmachen mit dem neuen Lernfeld zu ermöglichen und gleichzeitig über diese, für die meisten neuen und unbekannten Situationen, eine erste Abklärung der Motivationslage durchzuführen. Durch diese Sensibilisierung auf psychischer, sozialer und physischer Ebene wird schließlich ein Interaktionsrahmen geschaffen, in dem sich die verschiedenen Teilnehmer und Teilnehmerinnen auch verständigen können.

Beispiel: Grundsituation Ballontransport

Gruppengröße: Großgruppe

Alter der Teilnehmer: alle Altersgruppen

Vorbereitung: Da während der Durchführung häufiger Ballons zerplatzen, sollten genügend Ballons vorrätig sein (drei Ballons pro Teilnehmer). Die Ballons sollten einen Durchmesser von 90 cm haben. Die beste Qualität erhält man in speziellen Ballongeschäften, die in fast jeder größeren Stadt zu finden sind.

Durchführung: Jeder Teilnehmer pustet zwei Ballons auf. Eine schöne Variante ist es, sich die Teilnehmer und Teilnehmerinnen in einen großen Kreis aufstellen zu lassen. Dann versuchen sie, nur mit dem Mund und ohne die Hände zu benutzen, die Ballons aufzupusten. Bei 90 cm Ballons gelingt dies meistens. Sind die Ballons aufgepustet, finden sich jeweils zwei Teilnehmer/innen zusammen, die dann die Aufgabe haben, gemeinsam alle vier Ballons durch die Halle zu transportieren, selbstverständlich ohne dabei die Hände zu benutzen. Als kleiner Anreiz können einzelne Hindernisse (Weichböden, Bänke etc.) auf den Hallenboden gestellt werden.

Kommentar: Zunächst wird durch das gemeinsame Aufpusten der Ballons im Kreis eine entspannte Atmosphäre geschaffen, denn es gelingt kaum einem, seinen Ballon mit dem ersten Versuch aufzupusten. Entspanntes Lachen ist die häufige Folge wenn die Ballons durch die Gegend sausen. Der Leiter, bzw. die Leiterin hat schon hier die Möglichkeit, einen ersten Einblick in die Gruppenzusammensetzung zu bekommen. Beim aufmerksamen Zuschauen ist es möglich, einzelne "Charaktere" zu erkennen. Wer geht locker an die Sache, wer versucht mit aller Gewalt die Ballons aufzupusten, wer schummelt? Dies sind nur einige Fragen, auf die die Leiter eine Antwort finden können.

31

Dann beginnt der eigentliche Ballontransport. Je nach erster Einschätzung finden sich die Paare selbständig zusammen, oder die Leiter versuchen, die Paarbildung zu steuern. Beim Ballontransport ist es notwendig, dass sich die Teilnehmerinnen und Teilnehmer aufeinander einlassen und Rücksicht aufeinander nehmen. Sie können sich durch diese neue Bewegungsform mit dem Abenteuer- und Erlebnissport vertraut machen, erste Erfahrungen in der Kleingruppe sammeln und eine für sie unbekannte Situation meistern. Die Teilnehmerinnen und Teilnehmer werden durch das notwendige sensible Umgehen mit den Ballons und den Partnern sensibilisiert. Durch die notwendig werdenden Absprachen wird ein erster, auf eine spezielle Situation ausgerichteter Interaktionsrahmen geschaffen.

Gerade diese Situation darf in der zeitlichen Planung nicht zu kurz geplant werden. 20 bis 30Minuten werden benötigt, denn alle Teilnehmer und Teilnehmerinnen brauchen genügend Zeit, um sich an die neue Situation und an die (wechselnden) Partner/innen zu gewöhnen.

Eine eventuelle Scheu vor Körperkontakt wird durch die großvolumigen Ballons gemildert, da hierdurch ein direkter Körperkontakt vermieden wird. Im weiteren Verlauf des Ballontransports, bzw. bei einer Wiederholung können kleinere Luftballons eingesetzt werden, sofern die Gruppendynamik der Gruppe dies zulässt.

4.3 Phase 2 (Vorgegebene Situationen lösen, Strategien entwickeln, Gefahren erkennen und einschätzen)

Diese Phase ist im Grunde genommen eine Vertiefung der Phase 1. Auf Grundlage der dort gemachten Erfahrungen lernen die Teilnehmerinnen und Teilnehmer sich selbst einzuschätzen, sich einzubringen und in/mit einer Gruppe zu arbeiten. Sie sollten die verschiedenen Motive der anderen Teilnehmer/innen zumindest im groben erkannt haben. Die Teilnehmer und Teilnehmerinnen sollen in dieser Phase fähig werden, auf andere Rücksicht zu nehmen, sie mit ihren verschiedenen Vorstellungen zu akzeptieren und auf dieser Grundlage lernen, gemeinsam etwas zu erarbeiten. Ein weiteres wesentliches Augenmerk liegt in dieser Phase auf einem ersten, verantwortungsbewussten Umgang mit Gefahren.

Beispiel: Schlucht überwinden

Gruppengröße: Großgruppe
Alter der Teilnehmer: Alle Altersgruppen
Vorbereitung: Zwischen zwei Kästen wird eine Weichbodenmatte gelegt. Die Kästen sind durch geeignete Maßnahmen gegen ein Umfallen zu sichern. Kästen und Matte bilden eine Schlucht, wobei die Matte einen reißenden Gebirgsfluss darstellt.
Durchführung: Die gesamte Gruppe befindet sich auf der einen Seite des reißenden Flusses. Sie soll nun versuchen, ohne in den Fluss zu stürzen, die andere Seite (den anderen Kasten) des Tales ohne weitere Hilfsmittel zu erreichen. Die Schlucht gilt nur

als überwunden, wenn alle Teilnehmer und Teilnehmerinnen auf der anderen Seite ankommen.

Kommentar: Diese Aufgabe ist für viele Teilnehmer und Teilnehmerinnen eine äusserst schwierige Herausforderung. Nachdem die Teilnehmer und Teilnehmerinnen in der ersten Phase für die Anforderungen im Abenteuer- und Erlebnissport sensibilisiert worden sind, geht es nun darum, mit diesen vorher gemachten Erfahrungen neue Situationen zu lösen, Strategien zu entwickeln und auftretende Gefahren erkennen und einschätzen zu lernen.

Gerade die Aufgabe der Schluchtüberquerung fordert von der gesamten Gruppe eine erhöhte Kommunikationsbereitschaft, denn bevor die Schlucht überquert wird, gilt es Strategien der Überquerung zu entwickeln. Die Leiter und Leiterinnen sehen hier recht deutlich, wer sich in der Gruppe zurückhält und wer die "Macher" sind. Oft wird es so sein, dass verschiedene Ideen zur Sprache kommen, von denen aber nur einige ausprobiert werden. Andere werden von den "Machern" von vornherein verworfen. Hier bietet sich eine sehr gute Möglichkeit, dass die Leiter bestimmte Verhaltensweisen aufnehmen und nachher in einem Gespräch über das Lösungsverhalten auch diskutieren können. Ohne die Vorstellungen anderer zu akzeptieren, werden nur schwer Lösungen erarbeitet. Nur gemeinsames Arbeiten führt hier zum Ziel.

Der verantwortungsbewusste Umgang mit Gefahren ist bei dieser Situation ebenfalls von großer Bedeutung. Die gesamte Situation ist zwar durch eine Weichbodenmatte abgesichert, dies bedeutet jedoch nicht, dass sich Teilnehmer durch einen Sturz auf die Matte nicht verletzen können. Die Teilnehmerinnen und Teilnehmer müssen von den Leitern und Leiterinnen auf diese Gefahren hingewiesen werden, sofern keine/r unter ihnen ist, der die anderen auf diese Gefahren aufmerksam macht.

Da bei dieser Situation extrem viel Kommunikation in der Gruppe gefordert wird, dürfen die Teilnehmerinnen und Teilnehmer nicht unter Zeitdruck gesetzt werden.

4.4 Phase 3 (Situationen selbst gestalten)

In der dritten Phase sollen die Teilnehmerinnen und Teilnehmer kreativ werden. Sie sollen z.B. versuchen, mit vorgegebenen Materialien bestimmte Situationen aufzubauen, sie zu verändern und Lösungsmöglichkeiten mit anderen gemeinsam zu finden.

Beispiel: Hallendurchquerung

Gruppengröße: Großgruppe
Alter der Teilnehmer: alle Altersgruppen
Vorbereitung: evtl. Augenbinden
Durchführung: Der Geräteraum diesmal nicht verschlossen. Die Teilnehmerinnen und Teilnehmer haben die Aufgabe, aus allen zur Verfügung stehenden Materialien eine Brücke quer durch die Halle zu bauen. Dabei können folgende Aufgaben gestellt werden:
– Versucht eine möglichst niedrige/hohe Brücke zu bauen!

- Versucht eine möglichst breite/schmale Brücke zu bauen!
- Baut eine Brücke, die auf verschiedenen Ebenen überquert werden kann!
- Baut eine "Wackelbrücke"!

Zu diesen Konstruktionsaufgaben können weitere Aufgaben für die Brückenüberquerung gestellt werden:
- Transportiert pro Person 5 (10, 15) Luftballons über die Brücke!
- Transportiert 5 verschiedene Bälle über die Brücke!
- Transportiert ein Kastenoberteil über die Brücke!
- Transportiert eine Person in einem Kastenoberteil (Trage) über die Brücke!
- Überquert die Brücke von beiden Seiten gleichzeitig!
- Überquert die Brücke mit verbundenen Augen!

Gerade diese Art von Brückenbau fordert die Kreativität der Teilnehmerinnen und Teilnehmer und die Interaktion in der Gruppe extrem heraus. Die Teilnehmer und Teilnehmerinnen können auch dazu aufgefordert werden, möglichst viele verschiedene Varianten der Brückenüberquerung selbst herauszufinden.

Kommentar: Vor dieser dritten Phase der Abenteuer- und Erlebnissportmethodik haben die Teilnehmer und Teilnehmerinnen bereits einige Erfahrungen mit dem verschiedenen Situationen im Abenteuer- und Erlebnissport gesammelt. Sie sollten in der Lage sein, die verschiedenen Situationen nicht als Konkurrenzsituation aufzufassen, und sie sollten die Notwendigkeit von Gruppenlösungsstrategien bereits erkannt haben. Gerade bei der Situation "Hallendurchquerung" wird es wichtig, dass die Teilnehmer in der Lage sind, einander zuzuhören, Lösungsvorschläge zu besprechen und die besten Lösungsvorschläge zu verwirklichen. Dazu müssen die Teilnehmer bereits eine "soziale Beziehung" aufgebaut haben, d.h. sie müssen sich kennen, sich (im Idealfall) gegenseitig akzeptieren und sollen es verkraften können, wenn ein Lösungsvorschlag abgelehnt wird. Sie sollten aber auch in der Lage sein, andere als die eigenen Lösungsvorschläge oder Anregungen auszuprobieren. Hierzu muss den Teilnehmerinnen und Teilnehmern auf jeden Fall genügend Zeit gegeben werden.

Erkennt der Leiter deutlich, dass sich einige "Macher oder Macherinnen" besonders in den Vordergrund spielen, und dass andere an den Rand gedrängt werden, ist zu überlegen, ob der Brückenbau unterbrochen und das Verhalten besprochen, oder ob erst nach der Durchführung gemeinsam (evtl. in einer Theorieeinheit) besprochen wird. Welche dieser beiden Alternativen bevorzugt wird, hängt extrem von der Gruppenzusammensetzung und der situativen Einschätzung der Leiter ab. Ein allgemeingültiges Rezept kann an dieser Stelle nicht gegeben werden. Auf jeden Fall aber sollten solche Situationen besprochen werden, ob während des Aufbaus, oder nach der Durchführung. Es ist bei der Besprechung wichtig, die verschieden Motivationen der Teilnehmerinnen und Teilnehmer zu sammeln und auch theoretisch zu bearbeiten. Nur hier wird es ja letztlich möglich, die theoretischen Konstrukte "Motiv" und "Habitus" aufzugreifen und die soziale Interaktion in der Gruppe an praktisch erlebten Beispielen zu analysieren. Gerade die Situation "Hallendurchquerung" ist aufgrund der langen Aufbau- und Durchführungszeit besonders für eine solche "Analyse" geeignet.

Das Erkennen und Einschätzen von Gefahren haben die Teilnehmer und Teilnehmerinnen bereits in Phase 2 eingeübt. Dieses Erkennen und Einschätzen von Gefahren wird gerade bei der "Hallendurchquerung" noch einmal von großer Wichtigkeit. Die Brücke ist schnell aufgebaut, wurden aber alle notwendigen Sicherheitsvorkehrungen getroffen? Dem Leiter obligt es, die verschiedenen Brückenvarianten mit den Teilnehmern und Teilnehmerinnen abzugehen, auszuprobieren und zu besprechen. Erst nach diesem gemeinsamen Sicherheitscheck darf mit der eigentlichen Brückenüberquerung begonnen werden.

4.5 Phase 4 (Projekte)

In der Projektphase werden die Teilnehmer und Teilnehmerinnen in vielfältiger Weise gefordert. Sie sollen im Rückgriff auf ihre bisherigen Kenntnisse (z.B. Knotenkunde) große Projekte planen, aufbauen und erleben. Es kommt in dieser Phase nicht nur auf die Kreativität den einzelnen Teilnehmer und Teilnehmerinnen an, sondern ganz besonders auf das gemeinsame Agieren. Projekte sollten so angelegt werden, dass ausreichend Zeit für ihre Planung und Umsetzung zur Verfügung steht. So ist es überaus sinnvoll, eine Planungsphase "Brückenbau" in eine Unterrichtseinheit einzubauen (mit genügend Zeit zum Ausprobieren) und den eigentlichen Brückenbau an einem Wochenende durchzuführen. Gerade das Umsetzen der vorangegangenen Planungsphase bietet schon genügend Faszination.

Beispiel: Erlebniswanderung mit Flussüberquerung

Gruppengröße: Großgruppe
Alter der Teilnehmer: Kinder ab 10 Jahren
Vorbereitung: Die Durchführung der Phase vier bedarf nicht nur von den Teilnehmerinnen und Teilnehmern eine intensive Vorbereitung, sondern auch von den Leitern und Leiterinnen.

Die Leiterinnen und Leiter müssen vor Beginn der Phase vier alle eventuell möglichen Planungsvarianten und Planungsfehler im Kopf durchgeführt, bzw. selbst "erlebt" haben.

In dieser Phase bekommt die Gruppe nicht mehr eine spezielle Situation oder Aufgabe, sondern sie bekommt einen Themenschwerpunkt, dessen Füllung der Gruppe selbst überlassen bleibt.

Kartenmaterial der Umgebung, Baumaterialien, Planungsmaterial und Schreibutensilien müssen bereit gehalten werden.
Durchführung: Nachdem der Themenschwerpunkt beschlossen ist, treffen sich die Teilnehmer und Teilnehmerinnen sowie Leiter und Leiterinnen zur Besprechung und Planung.

Die Großgruppe bildet je nach Bedarf Kleingruppen, die Teilbereiche des Themas bearbeiten. Teilbereiche könnten z.B. die Wanderung zum Fluss, die eigentliche Flussüberquerung und die Rückwanderung sein.

Die Leiter und Leiterinnen müssen sich schon während dieser theoretischen Planungsphase intensiv um die Gruppenmitglieder kümmern, ihnen bei Bedarf Hilfestellungen geben und vor allen auf die Einhaltung der Sicherheitsaspekte achten.

Allein für diese Planungsphase müssen mehrere Stunden Zeitaufwand kalkuliert werden.

Nach abschließender Besprechung der Ergebnisse beginnt die eigentlichen Wanderung. Nach Beendigung der Erlebniswanderung sollte auf jeden Fall eine Abschlussbesprechung stattfinden, in der die positiven Aspekte aber auch die Kritikpunkte besprochen werden.

Kommentar: Die vierte Phase in der Abenteuer- und Erlebnissportmethodik stellt den komplexen Höhepunkt in der methodischen Reihe dar. In dieser Phase sind die Teilnehmerinnen und Teilnehmer auf sich allein gestellt. Die Leiterin, bzw. der Leiter stehen nur noch als Ansprechpartner zur Verfügung. Sie haben sich aus der Rolle der Leitung zurückgezogen und sich in die Rolle der Beobachter begeben.

Die Teilnehmerinnen und Teilnehmer sollen in dieser Phase ein Großprojekt von der Planung bis zur Durchführung bearbeiten.

Gerade die "Erlebniswanderung mit Flussüberquerung" ist durch seinen komplexen Charakter ein gutes Beispiel für die Phase vier.

Allein schon in der Vorbereitungsphase müssen die Teilnehmerinnen und Teilnehmer eine große Anzahl verschiedener Dinge beachten. Angefangen von der Auswahl und Beschaffung des Materials, bis zur Beachtung von Umweltschutzrichtlinien bei der Wanderung.

Ob die Gruppe bestimmte Teilaufträge an Untergruppen vergibt, wie zum Beispiel die Beschaffung des Kartenmaterials, die Beschaffung der gebietsbezogenen Umweltschutzrichtlinien (Naturschutzgebiete etc.), oder die Festlegung der Wanderstrecke, sollte der Großgruppe überlassen bleiben. Schon in dieser Vorbereitungsphase ist daher ein Interaktionsrahmen notwendig, in dem die Teilnehmerinnen und Teilnehmer eine Verständigungsebene haben, sich gegenseitig akzeptieren, verschiedene Meinungen einbringen können und auch einander zuhören müssen. Für die Leiterinnen und Leiter bietet sich die Möglichkeit, Gruppenstrukturen festzustellen, mögliche Veränderungen zu den ersten Phasen zu erkennen, um diese an Beispielen in der Nachbereitungsphase thematisieren zu können. Gerade bei dieser Situation zeigt sich oft, dass die Vor- und Nachbereitungsphase nicht nur für die Leiter und Leiterinnen, sondern auch für die Teilnehmerinnen und Teilnehmer eine ebenso hohe Bedeutung und einen ebenso hohen Erlebnischarakter hat, wie die eigentliche Erlebniswanderung. Denn etwas selbst gestalten zu können, etwas Eigenes mit einer Gruppe ausprobieren zu können, ist eine Erfahrung, die nur noch sehr wenige Teilnehmerinnen und Teilnehmer in unserer stark normierten Welt machen können.

Betrachten wir zum Schluss noch einige Aspekte der Analyse von Interaktionen.

Im Abenteuer- und Erlebnissport ist es von außerordentlicher Wichtigkeit, Handlungsabläufe, Situationen und das Verhalten der Teilnehmer und Teilnehmerinnen zu verbalisieren und Motive aufzudecken. Dieses ist aber einfacher gesagt als getan.

Die Analyse sozialer Interaktionsformen ist ein kompliziertes Gebilde, an dem sich ganze Forschungszweige der Psychologie, Soziologie und Pädagogik versuchen. Je nach Fachgebiet finden sich teils gemeinsame, teils aber auch recht unterschiedliche Ansätze zur Interaktionsanalyse. Die eigentliche Vorgehensweise bei Interaktionsanalysen muss speziellen Fortbildungen vorbehalten bleiben. Um aber die grundsätzliche Vorgehensweise vorzustellen, mögen die nun folgenden Hinweise ausreichen. Fasst man die wesentlichsten Gesichtspunkte zusammen, ergeben sich einige Grundsätze, die nicht außer Acht gelassen werden dürfen:

Grundsatz 1 Nie jemand bloßstellen, als negatives Beispiel heranziehen oder gar beleidigen.

Grundsatz 2 Positive Interaktionsformen herausstellen.

Grundsatz 3 Wenn bestimmte Sachverhalte unaufschiebbar sind und während einer Unterrichtseinheit besprochen werden müssen, spricht man von direkten Analysen. Diese Analysen können personenbezogen oder situationsbezogen sein. Gerade hierzu gehört neben einem hohen Fachwissen ein großes "Fingerspitzengefühl", da die Analysen vor der gesamten Gruppe stattfinden.

Grundsatz 4 Werden verallgemeinernde und zusammenfassende Analysen notwendig, weil die auftretenden Interaktionsformen beispielhaft sind, werden die Interaktionsanalysen in besonderen Theorieeinheiten besprochen und durchgeführt. Wir sprechen dann von indirekten Interaktionsanalysen, die relativ anonym und exemplarisch sind.

5 Sicherheit im Abenteuer- und Erlebnissport

Der Abenteuer- und Erlebnissport bietet besonders viele pädagogische Möglichkeiten, weil er in seinen unterschiedlichen Handlungsfeldern vom "altgedienten", normierten Sport abweicht. Er eröffnet Handlungsfelder, die den meisten Teilnehmern und Teilnehmerinnen noch nicht bekannt sind und sie vor völlig neue Situationen stellen. Dies bedeutet aber auch, dass die Mehrheit der Teilnehmer wenige oder gar keine Bewegungserfahrungen in den betreffenden Bereichen besitzen. Mangelnde Bewegungserfahrungen sind aber der Ansatzpunkt für eine sozial-integrative Arbeit, da Gute und Schlechte, Männliche und Weibliche, Sportliche und weniger Sportliche meist über gleich geringe Voraussetzungen verfügen. Fehlende Bewegungserfahrungen bergen aber auch Gefahren wie motorische und vor allem psychische Überforderung sowie eine kaum entwickelte Gefahrenabschätzung bei den Teilnehmern und Teilnehmerinnen.

Neben dieser psychischen Komponente kommt im Abenteuer- und Erlebnissport noch die technische Komponente (Gerätenutzung, Sicherheitstechnik usw.) hinzu. Gerade unter dem Blickwinkel der genannten Gefahren wird es darum wichtig, die psychischen und technischen Sicherheitsaspekte im Abenteuer- und Erlebnissport näher zu betrachten.

5.1 Die "psychische Sicherheit"

Bezüglich der psychischen Sicherheitsaspekte ist festzustellen, dass es im Abenteuer- und Erlebnissport keine endgültige Sicherheit gibt. Jeder Teilnehmer und jede Teilnehmerin muss sich der Tatsache bewusst sein, dass er/sie sich in Handlungsfelder begibt, die nur durch eine gewissenhafte Vorbereitung und mit der Kenntnis eines vorhandenen Restrisikos kalkulierbar sind. Der Leiter und die Leiterinnen haben dabei die besondere Aufgabe, keine uneingeschränkte Sicherheit vorzutäuschen. So ist und bleibt es unseriös, durch massenhaftes Einsetzen vom Matten ein Sicherheitsgefühl zu vermitteln, welches im Grunde genommen nur vordergründig ist. Auch eine noch so gute Mattenabsicherung nutzt nichts, wenn die Teilnehmer und Teilnehmerinnen eben wegen der scheinbar guten Sicherung völlig ungestüm an die Übungen und Aufgaben herangehen, sich maßlos überschätzen und sich schließlich verletzen. Die Entwicklung und Förderung einer realistischen Selbsteinschätzung ist in diesem Zusammenhang ein wesentliches Ziel des Abenteuer- und Erlebnissports. Darum sind die Leiter und Leiterinnen angehalten, Gefahren bewusst zu machen, damit die Teilnehmer/innen damit umgehen lernen, um sie schließlich zu meistern. Eine 100%ige Sicherheit kann es jedoch auch dann nicht geben. Ein "Restrisiko" bleibt. Aber mit diesem Restrisiko verantwortungsbewusst umzugehen und zu kalkulieren, ist schließlich der besondere Reiz des Abenteuer- und Erlebnissports. Die Teilnehmer und Teilnehmerin müssen für sich abschätzen, welches Risiko sie bereit sind einzugehen. Sie müssen den Punkt bestimmen können, an dem sie haltmachen. Freiwilligkeit muss hier oberstes Ziel jeglichen Handelns sein. Wenn sich jemand nicht zutraut dieses oder jene Übung zu absolvieren, muss er die Gelegenheit haben auch nein sagen zu können. Die Gruppe muss dies akzeptieren und auf die Person Rücksicht nehmen. Gerade hier findet erlebnispädagogisches Lernen statt.

Es gilt der Grundsatz: "Gefahrenvermeidung durch Risikoabschätzung und durch Eigenverantwortung!"

Dies bedeutet jedoch nicht, dass auf Sicherungsmaßnahmen gänzlich verzichtet werden soll. Sicherungsmaßnahmen sollen und müssen sein. Sie sind aber gezielt einzusetzen. In diesem Sinne ist weniger oft mehr!

5.2 Die "technische" Sicherheit

Die technischen Sicherheitsaspekte werden immer dann relevant, wenn Sportgeräte eingesetzt werden. Dabei dürfen die vorgeschriebenen Belastungsgrenzen unterschiedlicher Sportgeräte, Halterungen und Aufhängungen nicht überschritten werden. Es ist absolut unzulässig, 10 Personen auf eine in die Klettertaue eingehängte Langbank zu setzen. Hier wären sowohl die Belastungsgrenzen der Klettertauhalterungen (80 kg pro Tau plus Sicherheitszuschlag) als auch der Langbank überschritten. Schwere Unfälle könnten die Folge sein. An dieser Stelle ist jeder Leiter und jede Leiterin gefordert, sich über die verschiedenen Belastungsgrenzen zu informieren und Gerätearrangements so zu entwickeln, dass diese Grenzen nicht überschritten werden.

Im Rahmen dieser Handreichung kann keine detaillierte Beschreibung der unterschiedlichen Belastungsgrenzen von Sportgeräten oder spezifischen Halterungen gegeben werden. In diesem Zusammenhang sei auf die Literatur zum Thema Sicherheit verwiesen (BaGuV 1987, 1988).

Die vor jedem Übungsbetrieb stattfindende Sichtprüfung der Geräte, Halterungen oder Aufhängungen liegt in der Verantwortung der Leiter und Leiterinnen. Sie müssen sich vor der Verwendung von Geräten oder Halterungen über deren Zustand informieren. Werden Mängel entdeckt, dürfen die Geräte grundsätzlich nicht mehr eingesetzt werden. Sie sind auszutauschen oder zur Reparatur an die Sportgerätehersteller oder -vertreiber zu senden.

Grundsätzlicher Sicherheitshinweis

Die Lehrerinnen und Lehrer sowie die Leiter und Leiterinnen müssen die Anforderungen im Abenteuer- und Erlebnissport immer auf die individuellen Voraussetzungen jedes Teilnehmers und jeder Teilnehmerin abstimmen.

Sowohl psychische als auch physische Belange müssen dabei Berücksichtigung finden. Letztlich sind die Leiter von sportlichen Handlungssituationen für ihr Tun verantwortlich. Nur was selbst verantwortet werden kann, darf auch durchgeführt werden.

Es obliegt letztlich den Leitern und Leiterinnen zu entscheiden, ob eine Übung in der hier dargebotenen Weise auch für die jeweiligen Teilnehmer/innen geeignet ist.

Checklisten zur Geräteüberprüfung

Die nachfolgenden Checklisten sind entnommen aus: BaGuV, 1988, Sicherheit im Schulsport, Heft 5.

Absprungtrampolin

	In Ordnung	JA	NEIN
1 Ist der Gleitschutz des Gestells unbeschädigt?		☐	☐
2 Sind Rahmen und Verspannung bis zum Sprungtuch vollständig abgedeckt?		☐	☐
3 Ist die Abdeckung mit dem Rahmen unaufklappbar verbunden?		☐	☐
4 Hat die Abdeckung eine andere Farbe als das Sprungtuch?		☐	☐
5 Sind die Gummi- oder Federzüge unbeschädigt?		☐	☐
6 Ist die Einsprungstelle auf dem Sprungtuch durch eine Markierung (z. B. ein Kreis) gekennzeichnet?		☐	☐

Grafik aus BaGuV, Sicherheit im Schulsport, Heft 5, S. 5

41

Barren

		In Ordnung	JA	NEIN
(1)	Ist der Barren mit vier schwenkbaren Transportrollen versehen (Transportrollachsen mit umlegbarem Hebel stellen eine erhöhte Unfallgefahr dar und sind nach Möglichkeit auszusondern)?		☐	☐
(2)	Sind die Transportrollen während der Aufbewahrung des Barrens im Geräteraum entlastet?		☐	☐
(3)	Ist bei festgestelltem Verschluß eine Höhen- und Seitenverstellung der Holme nicht mehr möglich?		☐	☐
(4)	Sind die Holme unbeschädigt (keine Einrisse)?		☐	☐
(5)	Sind die Gelenkschrauben am oberen Säulenteil fest?		☐	☐
(6)	Ist der Gleitschutz an den Standflächen unbeschädigt?		☐	☐

Hinweis: Die Industrie hat 2 lose Transporteinrichtungen entwickelt, die nicht unfallgefährdend sind, z. B. für die Nachrüstung älterer Geräte.

Grafik aus BaGuV, Sicherheit im Schulsport, Heft 5, S. 7

42

Gitterleiter

	In Ordnung	JA	NEIN
1 Sitzen die Sprossen fest in den Holmen?		☐	☐
2 Sind die Bodenriegel funktionsfähig?		☐	☐
3 Sind Vorrichtungen vorhanden, damit die Gitterleiter sowohl in Gebrauchs- als auch in Ruhestellung im Boden arretiert werden kann?		☐	☐
4 Ist die Haltekonstruktion fest mit der Wand verbunden?		☐	☐
5 Sind keine Holzteile angerissen, zerbrochen oder gesplittert?		☐	☐

Hinweise für
hochziehbare Gitterleitern:

Die Anlage darf nur von eingewiesenen Personen bedient werden.

Als Handseilwinden sind nur Sicherheitswinden mit Freilauf zu verwenden.

Sind solche nicht vorhanden, ist darauf zu achten, daß die Kurbelrichtung nicht verwechselt wird. Die Markierungen »auf« und »ab« sind mit den zugehörigen Richtungspfeilen gut sichtbar und dauerhaft auf der Winde zu markieren.

Die Handkurbel ist bei Nichtbenutzung der Gitterleiter in einem abschließbaren Raum aufzubewahren.

Das Windengehäuse muß sich außerhalb des Verkehrsbereiches (2,00 m Wandhöhe) oder in ausreichend abgeschirmten Nischen befinden.

Beim Hub- und Senkvorgang ist Sichtverbindung mit der Gitterleiter zu halten.

Die Drahtseile müssen kontrolliert werden (siehe Anhang S. 37).

Für Seilendverbindungen in einem Seiltrieb dürfen nur Preßklemmen und keine Seilklemmen verwendet werden (siehe Anhang S. 37).

Grafik aus BaGuV, Sicherheit im Schulsport, Heft 5, S. 12

Niedersprungmatte

		In Ordnung	JA	NEIN
①	Ist die Auflagefläche gegenüber dem Sporthallenboden rutsch-hemmend?		☐	☐
②	Werden nur Matten verwendet, deren Kern nicht zusammen-gebrochen (durchgetreten) ist?		☐	☐

②   ①

Grafik aus BaGuV, Sicherheit im Schulsport, Heft 5, S. 16

44

Ringeeinrichtung

	in Ordnung	JA	NEIN
(1) Ist die Verstelleinrichtung funktionsfähig?		☐	☐
(2) Hat die Verstellkette eine Sicherung gegen selbsttätiges Lösen?		☐	☐
(3) Ist der Wandstellhaken fest in der Wand verankert?		☐	☐
(4) Ist die Verstellkette unversehrt?		☐	☐
(5) Sind die Spleiße der Schaukelseile im Ketten- und Ringbereich ohne Beschädigung?		☐	☐
(6) Weisen die Lederriemen an den Innenseiten der Knickstellen keine Risse auf?		☐	☐
(7) Sind beledete Schaukelringe aus Eisen bereits gegen leichtere Schichtholzringe ausgetauscht worden?		☐	☐
(8) Ist die Schaukelringpendelachse leichtgängig?		☐	☐

Hinweise für den Lehrer: Vor Benutzung muß der Lehrer überprüfen, ob die Kette sicher eingerastet ist.

Die Verstelleinrichtung darf bis 2,00 m über der Bodenfläche nicht herausstehen. Sie soll in einer Mauernische liegen und mit der Wand bündig abschließen.

Die Schaukelseile dürfen innen nicht mehlig sein. Dies läßt sich durch leichtes Aufdrehen der Seile gegen den Drall kontrollieren.

Hinweise für den Sachkostenträger:
Die Schaukelringpendelachsen und die Seilführungen müssen mindestens einmal jährlich überprüft werden. Dabei müssen alle beweglichen Teile leicht eingeölt werden.

Mauernische geschnitten

Grafik aus BaGuV, Sicherheit im Schulsport, Heft 5, S. 19

45

Sprossenwand

	In Ordnung	JA	NEIN
① Ist die Sprossenwand an den dafür vorgesehenen Befestigungspunkten sicher mit der Wand verbunden?		☐	☐
② Kann die Sprossenwand auch in ausgeschwenkter Stellung an der Außenwange sicher festgestellt werden?		☐	☐
③ Sind Holzteile nicht angerissen, zerbrochen oder gesplittert?		☐	☐

Hinweise für hochziehbare Sprossenwände:

Die Anlage darf nur von eingewiesenen Personen bedient werden.

Wird die ausschwenkbare Sprossenwand mit Hilfe einer am Gerät befestigten Säule in einer Bodenhülse aufgestellt, ist folgendes zu beachten:
– Die Verstelleinrichtung der Säule muß zweifach (kraft- und formschlüssig) gesichert sein.
– Die Säule darf nur max. 1 cm über dem Hallenboden angehoben werden können.
– Vor dem Hochziehen des Gerätes muß die formschlüssige Sicherung der Säule eingerastet und die kraftschlüssige Sicherung fest angezogen sein.

Erfolgt die Betätigung durch Gegengewichtsausgleich, so ist wegen dabei auftretenden Kräfte gewaltsames Herunterziehen oder Heraufstoßen auf jeden Fall zu vermeiden.

Die Bewegungen sind langsam auszuführen.

Als Handseilwinden sind nur Sicherheitswinden mit Freilauf zu verwenden.

Sind solche nicht vorhanden, ist darauf zu achten, daß die Kurbelrichtung nicht verwechselt wird. Die Markierungen »auf« und »ab« sind mit den zugehörigen Richtungspfeilen gut sichtbar und dauerhaft auf der Winde zu markieren.

Die Handkurbel ist in einem abschließbaren Raum aufzubewahren, wenn die Sprossenwand nicht benutzt wird.

Das Windengehäuse muß sich außerhalb des Verkehrsbereiches (2,00 m Wandhöhe) oder in ausreichend abgeschirmten Nischen befinden.

Für Seilendverbindungen in einem Seiltrieb dürfen nur Preßklemmen und keine Schraubklemmen verwendet werden (siehe Anhang, S. 37).

Die Drahtseile müssen überwacht werden (siehe Anhang, S. 37).

Grafik aus BaGuV, Sicherheit im Schulsport, Heft 5, S. 22

Sprungkästen

	In Ordnung	JA	NEIN
1 Haben die Oberflächen keine scharfen Kanten, Grate und hervorstehende Teile?		☐	☐
2 Hat der Sprungkasten Form K (großer Kasten) vier schwenkbare Transportrollen?		☐	☐
3 Stehen in Übungsstellung keine Bedienteile der Transporteinrichtung über den Kastenträger hervor?		☐	☐
4 Ist der Gleitschutz noch wirksam?		☐	☐
5 Sind alle Kastenteile aus Massivholz?		☐	☐
6 Sitzen die Kastenteile fest aufeinander?		☐	☐

Grafik aus BaGuV, Sicherheit im Schulsport, Heft 5, S. 24

47

Klettertaueinrichtung

	In Ordnung	JA	NEIN
1 Sind die Taue unbeschädigt?		☐	☐
2 Sind die Ledermanschetten unbeschädigt?		☐	☐
3 Sind die Klettertaue frei von Knoten?		☐	☐
4 Befindet sich das Seil bei Nichtbenutzung außerhalb des Verkehrsbereiches?		☐	☐

Hinweise: In höheren Hallen ist die maximale Kletterhöhe in 5,5 m rot markiert.

Sind die Klettertaue innen mehlig, dürfen sie nicht mehr benutzt werden. Die Kontrolle erfolgt durch das Aufdrehen der Taue gegen den Drall.

Markierung in 5,50 m Höhe ⟶

Grafik aus BaGuV, Sicherheit im Schulsport, Heft 5, S. 15

48

Turnbank

		In Ordnung	JA	NEIN
1	Ist der Gleitschutz wirksam?		☐	☐
2	Sind die Verbindungen der Füße und des Mittelstückes mit der Turn-bankplatte so ausgeführt, daß sie sich auch bei starker Belastung und eingehängter Bank nicht lösen können?		☐	☐
3	Sind die Schraubverbindungen fest? (Siehe Anlage, S. 37)		☐	☐
4	Sind die Oberflächen splitterfrei?		☐	☐
5	Ist die Standsicherheit gewährleistet?		☐	☐

Grafik aus BaGuV, Sicherheit im Schulsport, Heft 5, S. 29

Weichbodenmatte

		In Ordnung	JA	NEIN
1	Ist die Auflagefläche gegenüber dem Sporthallenboden rutschhemmend?		☐	☐
2	Werden nur Matten verwendet, deren Kern nicht zusammengebrochen (durchgetreten) ist?		☐	☐

Grafik aus BaGuV, Sicherheit im Schulsport, Heft 5, S. 34

5.3 Knotenkunde

Eng verbunden mit der Sicherheit im Abenteuer- und Erlebnissport ist die Kenntnis der wichtigen Knoten, da wir in vielen Situationen Knoten zur Sicherung einsetzen müssen.

Knoten (meistens Bergsteigerknoten) haben im Abenteuer- und Erlebnissport verschiedene Aufgaben. Sie dienen zum Sichern von Personen, zum festen Verbinden von Personen/Geräten, zum beweglichen Verbinden von Personen/Geräten, zum Spannen und zum Herstellen fester und beweglicher Verbindungen zwischen Personen und Gegenständen.

Um diese verschiedenen Anforderungen an die Knoten sicher zu gewährleisten, das Seilmaterial zu schonen und letztlich die Verbindungen wieder leicht lösen zu können, braucht der Leiter, bzw. die Leiterin einige spezielle Knoten.

Die Leiter müssen, bevor irgendein Knoten eingesetzt wird, absolut sicher in der Anfertigung dieser Knoten sein. Ein falsch gelegter Knoten und die vorgesehene Sicherung funktioniert nicht. Unfälle wären unvermeidbar.

Ohne ein ständiges Üben der Knoten, kann jeder Knoten zur potentiellen Gefahr werden!

Folgende Knoten sollten beherrscht werden:
- Palstek
- Prusikknoten
- Mastwurf
- Halbmastwurf
- Spierenstich
- Sackstich
- Achtknoten
- Seilspannknoten

Die nachfolgenden Grafiken sind entnommen aus: Edelrid – Seilkunde, 4.Auflage, Isny

1. Palstek

Anwendungsgebiete: Zum Fixieren von Gegenständen.

Vorteile: Leicht zu knoten und auch leicht wieder zu öffnen.

Nachteile: Nicht zum Anseilen von Personen zu verwenden.

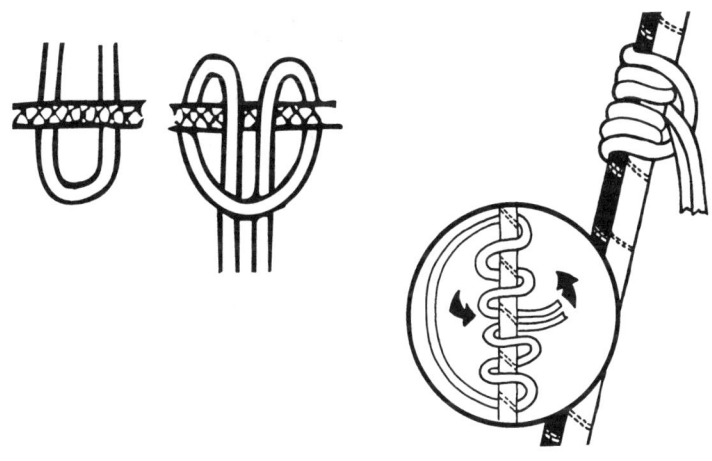

2. Prusikknoten

Anwendungsgebiete: Fixierung und Absicherung bei einer Selbst- und Kameradenhilfe. Klemmknoten zum Aufstieg am fixierten Seil. Vorteile: Haftet als Klemmknoten bei Belastung und lässt sich im entlasteten Zustand leicht verschieben.

Nachteile: Bei feuchten Seilen oftmals schwer lösbar.

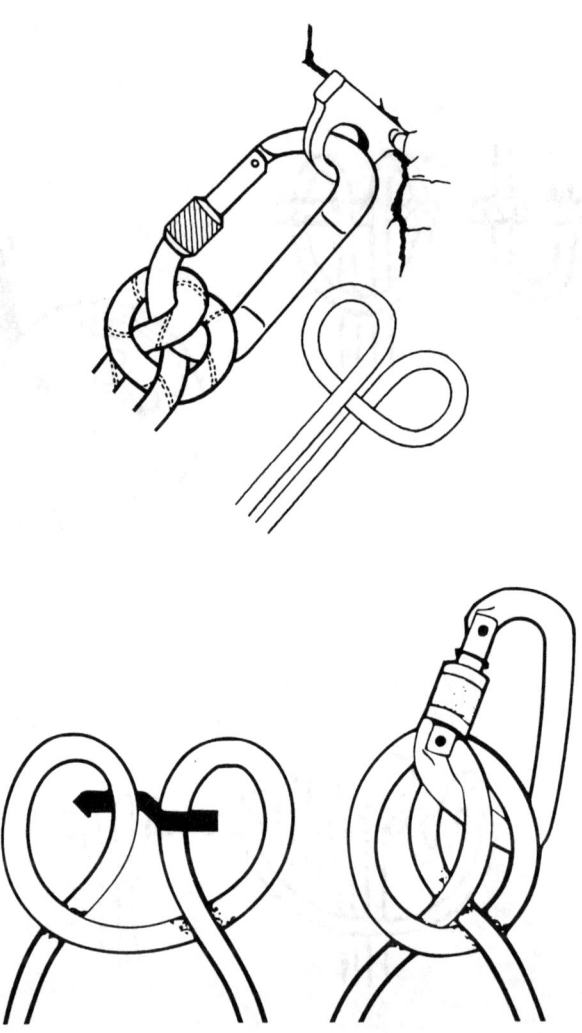

3. Mastwurf

Anwendungsgebiete: Zur Selbstsicherung in Karabinern, zur Seilfixierung.

Vorteile: Auch mit der Hand schnell zu knüpfen und zu lösen. Einfaches Nachschieben des Seiles im Knoten, ohne dass der Knoten aus dem Karabiner ausgehängt werden muss.

Nachteile: Ungünstige Belastung des Karabiners. Der Knoten darf nur bei HMS – Schraub-Karabinern verwendet werden.

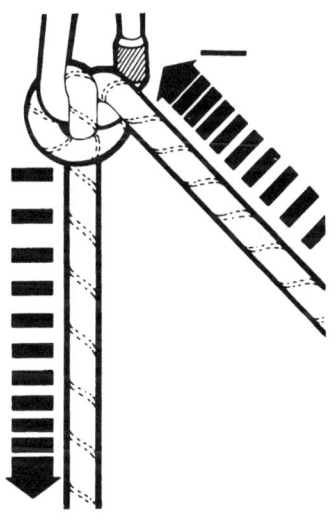

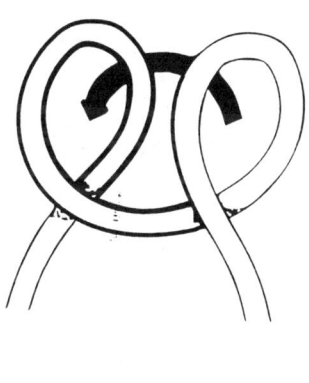

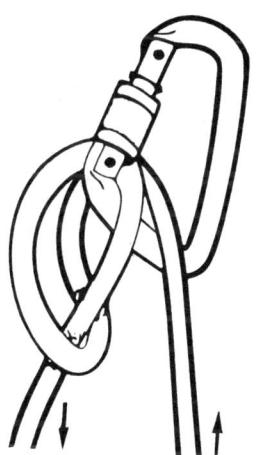

4. Halbmastwurf

Anwendungsgebiete: Sicherungsknoten bei dynamischem Seilgebrauch.

Vorteile: Sichere und einfache Handhabung, sehr gute Bremsdynamik.

Nachteile: Verursacht starken Seilverschleiß (starke Hitzeentwicklung bei schnellem Seildurchlauf). Erzeugt bei nachlässiger Handhabung starke Krangeln im Seil.

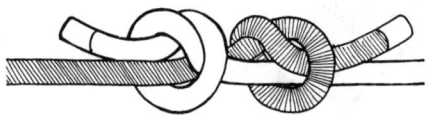

5. Spierenstich
Anwendungsgebiete: Seilverbindung zweier Seile.
Vorteile: Relativ kleiner Knoten.
Nachteile: Nach Belastung nur schwer wieder zu öffnen.

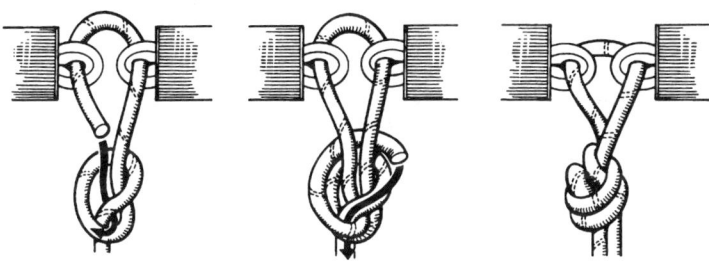

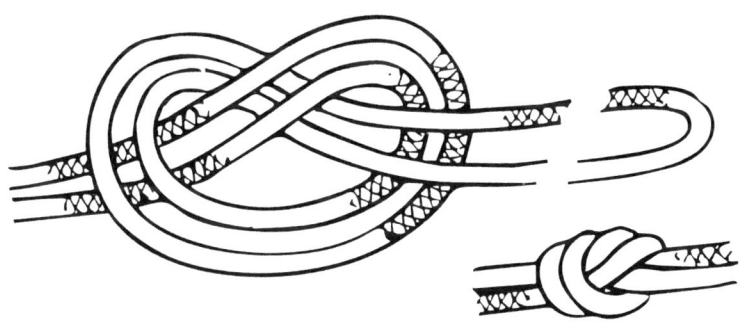

6. Sackstich

Anwendungsgebiete: Anseilknoten.

Vorteile: Leicht zu knüpfen, kleiner und handlicher Knoten.

Nachteile: Nach Belastung nur schwer zu öffnen.

57

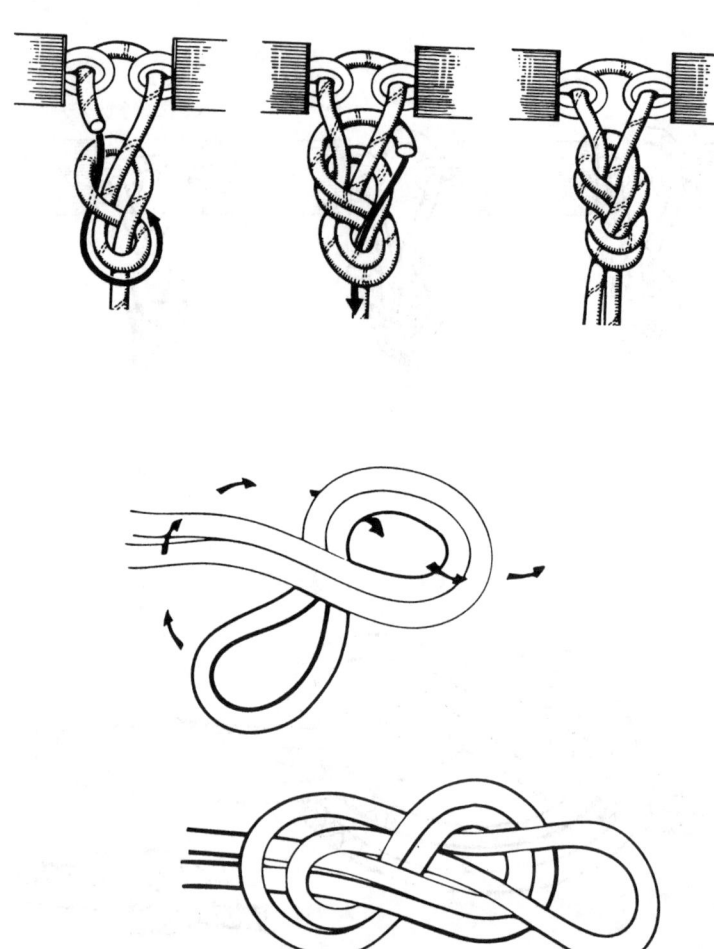

7. Achtknoten
Anwendungsgebiete: Anseilknoten
Vorteile: Nach Belastung relativ leicht wieder zu öffnen.
Nachteile: Schwerer zu knoten als der Sackstich, relativ großer Knoten.

8. Seilspannknoten

Anwendungsgebiete: Zum Spannen von Seilen.

Vorteile: Auch nach Belastung sehr leicht wieder zu öffnen.

Nachteile: Wenn die Gegensicherung nicht sauber gelegt ist, löst sich der Knoten.

Ein Spiel zur Knotenkunde
Stiller Knoten oder die letzte Chance!

Nach tagelangem Ausharren auf dem Gletscher ist jedes Mitglied der Gruppe schneeblind geworden, der Schneesturm heult so fürchterlich, dass jede verbale Kommunikation unmöglich geworden ist. Die erfahrenste Bergsteigerin, natürlich ist sie am Anfang der Reihe, weiß, welche Knoten noch helfen können. Sie gibt einen an einem kurzen Seil geknüpften Knoten an die hintere Person weiter. Diese prüft ihn kurz und gibt ihn zurück, dann knüpft sie denselben Knoten und gibt ihn weiter; dies wiederholt sich bis zur letzten Person. Diese tastet sich bis zur Bergführerin vor und die überprüft dann, ob es noch ihr Knoten ist. Na denn: viel Spaß!

Tips zur Seilpflege!

An den Bergsteigerseilen kann unter Umständen ein Leben hängen. Daher ist die richtige Seilpflege von größter Bedeutung. Hier einige Tips:

– Nasse Seile dürfen nie verpackt gelagert werden. Sie müssen ausgebreitet in einem gut durchlüfteten Raum getrocknet werden.

– Schmutzige Seile nicht mit scharfen Reinigungsmitteln waschen. Hierzu gibt es besondere Reinigungsmittel. Auch warmes Wasser leistet in vielen Fällen gute Dienste.

– Seile dürfen auf keinen Fall über scharfe Kanten geführt werden. Sie werden mit Sicherheit beschädigt!

6 Abenteuer- und Erlebnissport in der Natur

6.1 Umweltschutz

Viele der beschriebenen, zunächst auf die Sporthalle ausgerichteten Abenteuer- und Erlebnissportsituationen lassen sich entweder direkt oder durch kleinere Abwandlungen auch in der Natur anwenden. Einige dagegen, wie z.B. die aus dem Bergsteigen stammenden Elemente, sind für den Einsatz in der Natur konzipiert und wurden für den Einsatz in der Sporthalle modifiziert.

Sowohl die Sporthalle als auch die Natur sind zwei gleichgewichtete Handlungsorte im Abenteuer- und Erlebnissport. Dabei braucht der Ort Sporthalle in Bezug zum Umweltschutz keine weitere Erläuterung. Anders ist dies in der Natur. Wenn wir uns mit mehr oder weniger großen Gruppen in die Natur begeben, so sind hierzu einige Bemerkungen notwendig.

Zur Philosophie des Abenteuer- und Erlebnissports gehört nicht nur ein besonderes Augenmerk auf die Förderung zwischenmenschlicher Kommunikation, auf die Umgangsformen miteinander und nicht zuletzt auch auf die Erweiterung der eigenen Sichtweise vom Selbst, sondern auch ein Augenmerk auf den verantwortungsbewussten Umgang mit der Natur.

Genauso wenig, wie der Mensch die Natur zerstören darf, darf die Natur aber vor ihm gänzlich verschlossen werden. Wir sind Teil dieser Natur und somit an ihr nutzungsberechtigt. Nur dieser Umgang mit der Natur muss auf eine Art und Weise erfolgen, die der Natur entspricht. Wir müssen unser Verhalten den Naturgegebenheiten anpassen. Dies gilt ganz besonders in unserer Vorbild und Vermittlerrolle, die wir innehaben. Wenn wir mit 20 oder mehr Teilnehmern in die Natur stürmen, dabei in Naturschutzgebiete eindringen, brütende Vögel aus ihren Nestern scheuchen oder geschützte Pflanzen zertrampeln, dann ist unsere Vorstellung vom Umgang mit der Natur falsch.

Gerade zum Abenteuer- und Erlebnissport gehört es, behutsam und verantwortungsbewusst mit der Natur umzugehen!

Um dieses zu gewährleisten, müssen wir uns im Vorfeld eines in der Natur stattfindenden Abenteuer- und Erlebnissports erkundigen, welche geeigneten Gelände zur Verfügung stehen. Es gibt für das Klettern freigegebene Felsen, für Übernachtende im Freien geeignete Gelände, die erfragt werden können. Auskünfte geben die jeweiligen Landschaftsschutzbehörden, die Katasterämter oder Umweltorganisationen. Alle Leiter und Leiterinnen sollten bestrebt sein, die Zusammenarbeit mit diesen Institutionen zu suchen.

Sind geeignete Gelände gefunden, geht es um den Umwelt- und Naturschutz vor Ort. Jeder verantwortungsbewusste Leiter sollte soweit mit der Natur vertraut sein, dass er um besonders geschützte Pflanzen, gefährdete Tierarten etc. weiß und dieses Wissen auch an die Teilnehmer/innen weitergeben kann. Ebenso ist es notwendig, bestimmte Grundsätze des Materialgebrauchs zu beherrschen. Sind z.b. Seile an Bäumen zu befestigten, müssen die Verbindungsstellen mit alten Feuerwehrschläuchen oder kleineren Ästen unterlegt werden. Wird in Felsen geklettert, muss auf die Anbringung von Kletterhaken verzichtet werden. Eine Top-Rope-Sicherung braucht keine eingeschlagenen Haken, und diese ist für die Ansprüche des Abenteuer- und Erlebnissports völlig ausreichend.

Wir haben die Pflicht, uns vor Benutzung irgendwelcher Gelände über die jeweiligen Nutzungsbedingungen kundig zu machen

6.2 Anwendungshinweise

Bei der Anwendung des Abenteuer- und Erlebnissports in der Natur müssen einige besondere Hinweise beachtet werden. Diese gelten besonders den Sicherheitsmaßnahmen, da wir es in der Natur (zum Glück) nicht mit DIN- gerechten Halterungen, Verschraubungen oder normgerechten Böden zu tun haben. So unterscheidet sich das Klettern in der Halle ganz erheblich vom Klettern in der Natur. Besondere Gefahren wie loses Gestein, leider überall zu findende Glasscherben oder morsches Geäst bilden nicht zu unterschätzende Gefahrenpunkte. Daher ist es unabdingbar, dass sich die verantwortlichen Leiter und Leiterinnen vor einem Ausflug in die Natur genauestens mit den örtlichen Gegebenheiten vertraut machen müssen. Dies bedeutet jedoch nicht, dass sie jeden Stein umdrehen und auf Gefahrenquellen hin untersuchen müssen. Vielmehr müssen sie die wesentlichen Gegebenheiten vor Ort kennen. Soll z.B. an einer Felswand geklettert werden, so müssen eventuelle Befestigungspunkte von Seilen überprüft, loses Gestein entfernt und Stand und Sturzbereiche von Glasscherben oder anderen gefährdenden Materialien gereinigt werden. Dies bedeutet für die Leiterinnen und Leiter, dass sie das Gelände vor den Teilnehmern erkunden müssen. Sollen Gewässer in den Abenteuer- und Erlebnissport einbezogen werden, so ist es notwendig, die besonderen rechtlichen Gegebenheiten des speziellen Gewässers als auch dessen besondere Gefahrenpunkte wie zum Beispiel Stromschnellen oder Kolke zu kennen.

Um für eventuelle Notfälle ausgerüstet zu sein, müssen die Leiter und Leiterinnen bei allen Ausflügen in die Natur eine Erste Hilfe Ausrüstung bei sich führen und sollten in der Anwendung der Ersten Hilfe geschult sein. Denn tief im Wald kann keine Rettung so schnell erscheinen, wie in einer Sporthalle.

Diese besonderen Hinweise gelten aber nicht nur für die Leiterinnen und Leiter. Ein Ziel des Abenteuer- und Erlebnissports ist es ja, den Teilnehmern eine Mitverantwortung zu übertragen, damit sie den Umgang mit Gefahren kennen und einschätzen lernen. Dies bedeutet, dass die Teilnehmer und Teilnehmerinnen in die Planungen einbezogen werden sollen auch in die Sicherheitsplanungen. Im Rahmen von Projekten ist dies ein ganz wesentlicher Teil in der Vorplanung.

7 Umsetzung in Schule, Verein und Jugendsozialarbeit

Der Einsatz des Abenteuer- und Erlebnissports wird in diesem Handbuch an drei verschiedenen Einsatzfeldern vorgestellt. Obwohl der Abenteuer- und Erlebnissport in weiteren Einsatzfeldern wie z.b. Altensport oder Behindertensport angewandt werden kann, beschränken wir uns auf die Bereiche Schule, Verein und Jugendsozialarbeit, da sie zum einen die Haupteinsatzbereiche des Abenteuer- und Erlebnissports sind; zum anderen können die methodischen Vorgehensweisen (Vier-Phasen-Modell) und die verschiedenen Inhalte des Abenteuer- und Erlebnissports durch geringfügige Abänderungen in den anderen Einsatzfeldern angewandt werden.

7.1 Schule

"Erleben ist eine Kunst. Vielleicht habe ich in der Schule ein wenig von dieser Kunst gelernt. Zum Erleben bereit war ich, als ich in den Dienst der Schule eintrat; ich fühlte bald die Schule als eine Schicksalsgewalt über mir, die in mein persönlichstes Leben gestaltgebend, stimmunggebend, entscheidend eingriff. Ich hätte viel mehr erleben können, wenn die deutsche Schule nicht so sehr – Anstalt wäre, wenn sie sich zu einem Lebenskreis gestaltet hätte, reich an mannigfaltigem Leben, an einem Leben, das auch dem unlebendigsten Lehrer zur Erleben zwänge." (Gaudig, 1923, S. 2)

Schule als erlebnisferne und erlebnisablehnende Institution? Jeder mag überlegen, inwieweit sich die Schule von 1923 von der im Jahre 1999 unterscheidet.

Bringen wir also mehr Erlebnisse in die Schule, zumindest aber in den Schulsport!

Wollen wir den Abenteuer- und Erlebnissport im Rahmen der Schule besprechen, so kommen wir nicht umhin, die rechtlichen Rahmenbedingungen und die Sicherheitsvorschriften des heutigen Schulsports zu betrachten (vgl. BaGuV, Reihe: Sicherheit im Schulsport), wobei ein besonderer Bezug zu den neuen Richtlinien und Lehrplänen Sport in Nordrhein-Westfalen (vgl. Landesinstitut für Schule und Weiterbildung NRW, 1998) hergestellt wird, die in dieser Hinsicht als richtungsweisend gelten können.

Für den Schulsport bilden die Richtlinien und Lehrpläne eine für alle Schulformen und -stufen verbindliche Basis. Der Sport ist als Unterricht und als außerunterrichtliches Angebot ein eigenständiges Lern- und Erfahrungsfeld in der Schule. Die Unaustauschbarkeit und Unverzichtbarkeit des Sportunterrichts resultiert insbesondere aus seiner Zuständigkeit für die pädagogisch orientierte Förderung von Körper und Bewegung im Rahmen einer ganzheitlichen Erziehung der Schülerinnen und Schüler.

Insbesondere soll der Schulsport:
- die Wahrnehmungsfähigkeit verbessern und Bewegungserfahrungen erweitern
- helfen, sich körperlich auszudrücken und Bewegungen zu gestalten
- helfen, etwas zu wagen und verantworten zu lernen
- Anreize bieten zu kooperieren und sich zu verständigen
- die Gesundheit fördern und das Gesundheitsbewusstsein entwickeln.

Gerade in Bezug zu diesen Aufgaben des Schulsports besitzt der Abenteuer- und Erlebnissport hervorragende Möglichkeiten, die einzelnen Felder miteinander zu verbinden und das geforderte ganzheitliche Lernen zu ermöglichen.

Die Schülerinnen und Schüler werden durch den Abenteuer- und Erlebnissport in die Lage versetzt, sportliche Bewegung allein und in der Gruppe zunehmend selbständig und verantwortungsbewusst zu gestalten. Sie lernen "einen zunehmend bewussten und umsichtigen Umgang mit Wagnissen, was auch den Mut zum Nein-Sagen einschließt. Auf diese Weise entwickeln sie die pädagogisch wünschenswerte Befähigung zur realistischen Einschätzung eigener Fähigkeiten und Grenzen. Sie können so ihr Selbstwertgefühl steigern und Ich-Identität gewinnen und sich auch kritisch mit der Qualität vorgefertigter, oft kommerziell ausgerichteter Angebote auseinander setzen."(vgl. Richtlinien Sport).

Betrachten wir die Organisation des Schulsports genauer, so können wir ihn in zwei Bereiche gliedern, wobei die oben genannten Bildungs- und Erziehungsziele in beiden Bereichen umgesetzt werden sollen: in den Schulsportunterricht und in den außerunterrichtlichen Sport, zu dem neben den freiwilligen Schülersportgemeinschaften auch der Pausensport, Fördersport, Talentsichtung und Talentförderung, Schulsportfeste als auch die Sportvereinsanbindung gehören.

Der Einsatz des Abenteuer- und Erlebnissports ist nicht nur auf den außerunterrichtlichen Sport bezogen, wo Schulsportgemeinschaften mit dem Schwerpunkt Abenteuer- und Erlebnissport gebildet werden können, sondern er ist gerade auch ein besonderer Bereich im Schulsportunterricht. Dies bedeutet, dass die von den Schülerinnen und Schülern erbrachten "Leistungen" auch benotet werden müssen. Dass diese Benotung im Rahmen des Abenteuer- und Erlebnissports nicht ganz unproblematisch ist, wird später noch näher besprochen.

An den Schulsportunterricht und an den außerunterrichtlichen Schulsport werden komplexe Anforderungen gestellt. Neben dem Leistungsbezug soll ein deutlicher Bezug zum Bereich des "sozialen Lernens" hergestellt werden. Das soziale Lernen wird im Vergleich zur reinen sportmotorisch zuerbringenden Leistung als gleichberechtigt angesehen.

Aber auch innerhalb dieser Sichtweise ist das geforderte soziale Lernen im Sport kein Ersatz für den sportmotorischen Leistungsbezug im Sport. Vielmehr stehen diese beiden Bereiche nebeneinander und ergänzen sich. So ist unbestritten, dass im Schulsportunterricht sportmotorische Fertigkeiten *und* Fähigkeiten der Schüler zu überprüfen sind. Bei den Fähigkeiten ist zwischen sportmotorischen Fähigkeiten und psycho-sozialen Fähigkeiten zu unterscheiden. Zu den psycho-sozialen Fähigkeiten können letztlich auch Fähigkeiten wie "anderen Hilfen geben", "anderen Vertauen", "andere respektieren" oder die Fähigkeit "von anderen Hilfen anzunehmen" hinzugezählt werden. Es ist selbstverständlich, dass auch die psycho-sozialen Fähigkeiten benotet werden müssen, was sich allein schon aus den rechtlichen Rahmenbedingungen des Schulsports und der Schule insgesamt ergibt. Dies bringt die Lehrerinnen und Lehrer natürlich vor einige Schwierigkeiten. Denn nach welchen objektiven Kriterien psycho-soziale Fähigkeiten zu beurteilen sind, ist nicht geklärt. Es stellt sich sogar die Frage, ob das psycho- soziale Verhalten (das soziale Lernen) überhaupt objektiv messbar ist. Hier bleibt den Lehrkräften nichts anderes übrig, als einen auf die jeweilige Lerngruppe bezogenen Rahmen zu finden. Denn gerade das psycho- soziale Verhalten ist ja extrem von der Gruppenzusammensetzung und auch vom Alter der Schüler abhängig. Keine leichte Aufgabe für die Lehrerinnen und Lehrer.

Besonders betont werden muss an dieser Stelle, dass der Abenteuer- und Erlebnissport kein Ersatz für Leistungsanforderungen in den traditionellen Sportarten darstellen soll und kann. Er ist ein zusätzliches Angebot, welches sowohl im Rahmen der traditionellen Sportarten (z.B. Gleichgewichtsschulung im Geräteturnen) als auch als eigenständige Unterrichtseinheiten (z.B. etwas wagen und verantworten, vgl. Landesinstitut für Schule und Weiterbildung NRW, 1998) durchgeführt werden kann.

Betrachten wir den Abenteuer- und Erlebnissport unter dem Gesichtspunkt der Schule, so können wir ihn in vier Bereichen einsetzen: im Schulsportunterricht als Teil von Sportstunden, als eigenständige Unterrichtsreihen und im außerunterrichtlichen Schulsport als Komplexe Projekte. Letztlich kann der Abenteuer- und Erlebnissport auch Teil, oder Schwerpunkt von Schulsportfesten sein.

7.1.1 Abenteuer- und Erlebnissport als Teil von Sportstunden

Betrachten wir den Einsatz des Abenteuer- und Erlebnissports als Teil von Sportstunden, so ist festzuhalten, dass der Abenteuer- und Erlebnissport entweder auf eine bestimmte psychische oder physische Anforderung im Unterricht vorbereiten, bestimmte Fähigkeiten besonders herausstellen oder den Unterricht ausklingen lassen soll. Bei all diesen Ansprüchen steht der Abenteuer- und Erlebnissport unter einer deutlichen Einschränkung. Allein die Zeitvorgabe von einer Einzel-, bzw. Doppelstunde bedingt eine sorgfältige Auswahl der Abenteuer- und Erlebnissportelemente, denn nicht alle Elemente sind für die verschiedenen Einsatzzwecke gleich gut geeignet. Wir müssen uns im Klaren sein, dass wir den Abenteuer- und Erlebnissport als Teil von Sportstunden nur sehr verkürzt anwenden und weder seine pädagogischen Möglichkeiten noch die notwendige methodische Ausrichtung im Blickpunkt haben können. Abenteuer- und Erlebnissport wird als Auflockerung des Unterrichts verstanden ohne tiefgreifende pädagogische Absichten.

Im Hinblick auf die sportmotorische Förderung von Kindern, bei denen das eigentliche Techniktraining der einzelnen Sportarten noch nicht im Vordergrund steht, bietet der Abenteuer- und Erlebnissport hervorragende Möglichkeiten, die sportmotorischen Grundeigenschaften zu schulen und auszubauen. Denn ausreichend Kraft, Geschicklichkeit, Schnelligkeit und Ausdauer sind die Grundqualifikationen, die in allen Sportarten gefordert werden. Durch den Abenteuer- und Erlebnissport werden die Schüler über vielfältige Situationen spielerisch an diese Grundqualifikationen herangeführt. Neugier und Abenteuerlust werden ebenso befriedigt wie der Drang zu Bewegung.

Aus der zeitlichen Begrenzung auf 15 oder 20 Minuten von einer Einzel- bzw. Doppelstunde ergibt sich, dass nur Elemente durchgeführt werden können, die einen sehr geringen Material- und Aufbauaufwand haben.

Im Folgenden werden einige Beispiele für den Einsatz des Abenteuer- und Erlebnissports als Teil von Sportstunden vorgestellt.

Abenteuer- und Erlebnissport in der Aufwärmphase

Ziel dieser Phase ist es, die Schülerinnen und Schüler auf eine bestimmte Belastung vorzubereiten. Dabei ist es hier zunächst nicht wichtig, ob es sich um ein allgemeines oder spezielles Aufwärmen handelt.

Für das (allgemeine oder spezielle) Aufwärmen bieten sich solche Abenteuer- und Erlebnissportelemente an, die eine unterschiedliche Belastungsdosierung ermöglichen.

Beispiel: Inselrettung

Gruppengröße: Großgruppe
Alter der Teilnehmer: für alle Altersstufen geeignet
Vorbereitung: Geräte, die für den weiteren Stundenverlauf benötigt werden
Durchführung: Alle Schüler und Schülerinnen sitzen auf dem Hallenboden; steigen in ihre Flugzeuge ein; lassen die Motoren an und fliegen los. Um Kreativität und Improvisationsvermögen der Schüler anzusprechen, sollte der Lehrer darauf achten, dass die Schüler das Einsteigen, Anlassen und Losfliegen spielen. Man muß sehen, wie der Zündschlüssel herumgedreht wird und hören, wie der Motor läuft. Und immer daran denken: Flugzeuge haben Flügel (ausgebreitete Arme). Dann fliegen die Flugzeuge kreuz und quer durch die Halle. Leider stellen die Piloten nach kurzer Flugzeit fest, dass unser Mechaniker vergessen hat aufzutanken. Wir müssen also notlanden. Doch wo? Der Hallenboden ist ein riesiger Ozean.

Wir entdecken gerade noch rechtzeitig verschiedene kleinere Inseln: Eine Weichbodenmatte, einen Kasten, zwei kleine Kästen, eine Turnbank, kleine Matten. Auf Signal des Lotsen (Lehrer) müssen die Flieger/innen auf den Inseln notlanden innerhalb von 30 Sekunden müssen alle eine rettende Insel erreicht haben, denn das Wasser ist voller Haie. Gerade sicher gelandet überrascht die Piloten ein riesiges Erdbeben und verschlingt nach und nach die Inseln. Also, wieder starten, herumfliegen und auf ein Zeichen auf den übriggebliebenen Inseln notlanden. Der Lotse gibt bekannt, welche Inseln für eine erneute Notlandung noch zur Verfügung stehen. Schließlich ist nur noch eine Insel übrig, auf der alle Flieger/innen notlanden müssen.

Kommentar: Am Anfang können verschiedene Fluggeräte vorgegeben werden: Motorflugzeuge (für diejenigen die keine Hemmungen haben), Segelflugzeuge (hier wird auf das Motorengeräusch verzichtet) oder HeißluftBallons (keine Geräusche, keine ausgebreiteten Arme). Jeder Schüler sollte die Möglichkeit haben, ein ihm zusagendes Fluggerät zu wählen. Allein schon durch eine unterschiedliche Länge der Flug(Lauf)phasen wird eine unterschiedliche Belastungsintensität möglich.

Da zum Schluss nur noch eine Insel zur Verfügung steht, wird es für die Schüler und Schülerinnen wichtig, sich abzusprechen. Wie kommen wir alle auf die Insel? Wer geht zuerst? Wer hilft wem?. Da die Kooperationsbereitschaft in dieser Situation stark herausgefordert wird, sollte hierfür genügend Zeit gelassen werden.

Förderung von sportmotorischen Fertigkeiten und Fähigkeiten

Im Abenteuer- und Erlebnissport können auch sportmotorische Fertigkeiten und Fähigkeiten geschult, bzw. gefördert werden.

Beispiel: Ballonjagd

Gruppengröße: Großgruppe
Alter der Teilnehmer: für alle Altersstufen geeignet
Vorbereitung: nicht erforderlich

Durchführung: Jeder Schüler und jede Schülerin hat je einen Luftballon. Diesen sollen sie auf verschiedene Art und Weise durch die Sporthalle befördern. Zunächst den Luftballon in die Luft schlagen, dann mit dem Zeigefinger in die Luft tippen, mit dem Ellbogen, mit dem Knie, mit dem Fuß, mit dem Po, mit der Nase,... im Stehen, im Gehen, im Laufen.

Kommentar: Die Ballonjagd bietet (fast) unendlich viele Möglichkeiten der Variationen. So ist es z.b. bei Handball und Volleyballspielern trainingsmethodisch sinnvoll, die Arm und Schultermuskulatur nicht nur durch statische Kraftübungen, sondern auch durch dynamische Übungen und letztlich durch Kombinationen zu schulen. Die Ballonjagd bietet eine Möglichkeit, diese Übungen zur Kräftigung der Arm und Schultermuskulatur abwechslungsreicher zu gestalten. So kann die Aufgabe gestellt werden, den Luftballon nur mit der über dem Kopf gehaltenen Hand durch die Halle zu treiben (Halten über dem Kopf = statisch, Schlagen über dem Kopf = dynamisch). Das Verhältnis von statischem zu dynamischem Anteil kann durch verschiedene Anweisungen beliebig verändert werden.

Ebenso wie für die Sportarten Hand und Volleyball, lässt sich die Ballonjagd für allen anderen Sportarten einsetzen. Die jeweilige Intensität kann durch die Übungsanweisungen gesteuert werden.

Aus dem Element Ballonjagd läßt sich auch sehr gut, z.B. durch den zusätzlichen Einsatz von Musik, eine ganze Stunde zur Konditionsschulung herausarbeiten.

Ausklang von Sportstunden

"Spielen wir zum Schluss noch etwas?" Wer kennt diese Frage der Schüler und Schülerinnen nicht. Also, spielen wir etwas Abenteuerliches.

Beispiel: Mattenrutschen

Gruppengröße: Großgruppe
Alter der Teilnehmer: für alle Altersstufen geeignet
Vorbereitung: nicht erforderlich
Durchführung: Mit wenig Aufwand wird die Sporthalle zum Motodrom. Die Weichbodenmatten sind die "heißen Schlitten". Sie werden mit der glatten Seite nach unten auf den Hallenboden gelegt. Alle Matten befinden sich auf gleicher Höhe, in Längsrichtung ausgerichtet auf einer Hallenseite. Abstand von der Wand ca.4m. Zwei bis vier Schüler/innen bilden jeweils eine Gruppe. Sie stehen an der Wand, laufen gemeinsam an, springen gleichzeitig ab, landen bäuchlings auf der Matte und rutschen so mit der Matte vorwärts. Die Teilnehmerinnen und Teilnehmer können sich während des Anlaufs an den Händen festhalten. So ist gewährleistet, dass sie wirklich gemeinsam anlaufen. Denn wer zu spät abspringt, ... Ist die Matte ausgerutscht, steigen die Übenden ab, nehmen neuen Anlauf und springen wieder gleichzeitig ab. Wer zuerst eine Ziellinie auf der gegenüberliegenden Hallenseite erreicht, ist Sieger des Rennens.
Kommentar: Auch hier sind viele Variationsmöglichkeiten denkbar: "Welche Gruppe kommt mit möglichst wenig Anläufen auf die andere Hallenseite?", "Welche Gruppe

rutscht mit einem Anlauf am weitesten?", Wettrutschen zu mehreren Gruppen. Bei dieser Situation muss darauf geachtet werden, dass die Schüler lange Trainingshosen und langärmelige Trainingspullover anhaben, da sonst die Gefahr von Hautabschüfungen droht. Beim Mattenrutschen wird weder viel Kraft, noch viel Ausdauer gefordert. Auch die koordianitve Anforderung ist eher gering. Im Vordergrund steht hier der Spaß und ein nicht ganz ernst zu nehmender Wettkampf.

7.1.2 Abenteuer- und Erlebnissport als eigenständige Unterrichtsreihen

Ist der Abenteuer- und Erlebnissport eine eigenständige Unterrichtsreihe, so steht er nicht mehr unter dem zeitlich engen Diktat wie als Teil von einzelnen Unterrichtsstunden. Dies bringt den großen Vorteil, dass sich die methodische Vorgehensweise am Vier-Phasen-Modell orientieren kann. Es darf aber nicht davon ausgegangen werden, dass nun unbedingt alle vier Phasen durchgeführt werden müssen. Denn je nach Klassenzusammensetzung, nach Motivationslagen und nach Vorerfahrungen wird es notwendig werden, einzelne Phasen auszudehnen und andere Phasen zu verkürzen.

Handelt es sich z.B. um eine Klasse, in der eine positive Stimmung herrscht, in der ein Vertrauen untereinander vorhanden ist und in der die Schüler und Schülerinnen verantwortungsbewusst miteinander umgehen, dann kann die Phase 1 verkürzt werden. Handelt es sich aber um eine gegenteilig ausgerichtete Klasse, so ist die Phase 1 auszudehnen, da die notwendigen Voraussetzungen zur Teilnahme am Abenteuer- und Erlebnissport erst einmal geschaffen werden müssen. Sind in der Klasse mehrere "Hardliner", die alle anderen im Sport unterdrücken und sich für die absolut besten und stärksten halten, kann auch mit Highlights begonnen werden. Es wäre hier nicht angebracht, einen weichen Einstieg in den Abenteuer und Erlebnissport zu wählen, da diese "Hardliner" sich sofort ausklinken würden. Durch den Beginn mit Highlights bietet sich die große Chance, dass alle Schülerinnen und Schüler (vorurteilsfrei) mitmachen, da die Highlights einen sehr hohen Aufforderungscharakter haben.

Durch eine geschickte Abfolge der verschiedenen hinführenden Elemente kann es erreicht werden, dass nicht nur die "Hardliner", sondern auch die "unterdrückten" Schüler und Schülerinnen Erfolge erzielen und so eine positive Rückmeldung erhalten und zwar ohne von den anderen unter Druck gesetzt zu werden.

Im Folgenden wird ein Unterrichtsvorhaben von 16 Unterrichtsstunden in der Grobgliederung vorgestellt, die an einem mittleren Niveau der Klasse, sowohl was die sozialen Bedingungen als auch die psychischen und physische Voraussetzungen angeht, orientiert ist. Die Phase 4 wird nicht durchgeführt, da im Rahmen einer einführenden Unterrichtsreihe nicht der genügende zeitliche Rahmen besteht.

Einführendes Unterrichtsvorhaben zum Abenteuer- und Erlebnissport (Grobgliederung)

Stunden	Phase	Inhalte
1,2	Phase 1	Ballonjagd, Ballontransport, Medizinballgehen, römisches Wagenrennen
3,4	Phase 1	Sandwich, Inselrettung, Schneeblind, Gordischer Knoten
5,6	Phase 1	Sensitivity, Familiensuche, Sitzschlange, Mattenrutschen
7,8	Phase 2	Ausbruch, Gletscherspalte, Kaminklettern, Schräger Hang
9,10	Phase 2	Fallschirmsprung, Gerettet?, Platztausch
11,12	Phase 2	Höhlenforschung
13,14	Phase 3	Brückenbau 1
15,16	Phase 3	Brückenbau 2

Kommentar

Wird der Abenteuer- und Erlebnissport als eigenständige Unterrichtsreihe angeboten, sollte das "Vier-Phasen-Modell" angewandt werden.

In Phase 1 müssen die Schüler auf den Abenteuer- und Erlebnissport vorbereitet werden. Ihre Bereitschaft, sich auf neue und unbekannte Situationen einzulassen soll in diesem ersten Einstieg erkundet werden. Schon in dieser Phase müssen die Lehrerinnen und Lehrer das soziale Verhalten der einzelnen Schülerinnen und Schüler genau beobachten, damit der weitere Verlauf der Unterrichtsreihe auf dieses Verhalten abgestimmt werden kann.

In Phase 2 werden die erkannten Ausgangsvariablen zur Grundlage der weiteren Planung. Die Schüler und Schülerinnen sollen in dieser zweiten Phase vorgegebene Situationen lösen, Strategien entwickeln und dabei auftretende Gefahren erkennen und einschätzen lernen.

Die eigene Gestaltung von Situationen ist der wesentliche Inhalt der Phase 3. Hier kommt es besonders auf Gruppenlösungsstrategien an, die in der vorherigen Phase schon eingeübt wurden.

7.2 Verein

In diesem Kapitel werden Beispiele für den Einsatz des Abenteuer- und Erlebnissports im Verein vorgestellt. Hierbei sind die Bereiche Lehrgänge und die tägliche Vereinspraxis von besonderer Bedeutung, weil sie die Haupteinsatzorte des Abenteuer- und Erlebnissports im Verein sind.

Lehrgänge und die tägliche Vereinspraxis unterscheiden sich hinsichtlich der Durchführung des Abenteuer- und Erlebnissports in einigen ganz wesentlichen Punkten.

In der täglichen Vereinspraxis haben wir es mit mehr oder weniger fest gefügten Unterrichtsabläufen zu tun und unterrichten Teilnehmer und Teilnehmerinnen, die sich und den Übungsleiter in den weitaus meisten Fällen schon lange kennen und so in einer sozialen Beziehung stehen. Die soziologischen und meist auch die psychologischen Ausgangsvariablen sind dem Übungsleiter bekannt und bilden eine gute Planungsgrundlage.

Ganz anders ist dies bei der Durchführung von Lehrgängen. Dort sind uns die soziologischen und die psychologischen Ausgangsvariablen der Teilnehmer nicht bekannt. Diese Variablen müssen erst im Verlauf des Lehrgangs von den Lehrgangsleitern erschlossen und in die weitere Planung einbezogen werden.

Die angeführten Beispiele zu den Bereichen Lehrgänge und zur täglichen Vereinspraxis sollen exemplarisch die theoretischen Grundlagen und die Zielsetzungen des Abenteuer- und Erlebnissports mit praktischen Beispielen verbinden, damit es den Übungsleitern und den Übungsleiterinnen ermöglicht wird, den Abenteuer- und Erlebnissport gezielt und bewusst einzusetzen und zu reflektieren.

7.2.1 Lehrgänge

Ein wesentliches Kennzeichen von Lehrgängen ist die wechselnde Gruppenzusammensetzung. Wir haben es bei dieser Art von Lehrgängen vorwiegend mit Teilnehmern und Teilnehmerinnen zu tun, die sich nicht kennen, die allein aufgrund dieser Tatsache keine soziale Beziehung zueinander haben.

Für die Anwendung des Abenteuer und Erlebnisports ist es zunächst völlig unerheblich, um welche Art von Lehrgängen es sich handelt (ÜL – Aus- / Fortbildung, Lizenzverlängerungen).

Die Grundvoraussetzungen, dass heißt die Ausgangsvariablen Gruppenzusammensetzung, Zielorientierung, Habitus und Motivation der Teilnehmerinnen und Teilnehmer werden, je nach Ausschreibung der Lehrgänge möglicherweise recht unterschiedlich sein. Aufgrund dieser unterschiedlichen Ausgangsvariablen müssen die Lehrgänge jeweils so aufgebaut sein, dass zuerst ein soziales Interaktionsfeld entsteht, indem die Teilnehmer und Teilnehmerinnen agieren können. Es muss zunächst dafür Sorge getragen werden, dass die unterschiedlichen Teilnehmer (möglicherweise stammen sie ja aus recht unterschiedlichen sozialen Klassen) "die gleiche Sprache sprechen".

Dies macht es notwendig, die Lehrgänge nach dem Vier-Phasen-Modell durchzuführen. Zunächst muss die Gruppe auf die geplanten Situationen vorbereitet werden. Ihre Bereitschaft, sich auf neue und unbekannte Situationen einzulassen, muss gefördert werden. Dies geschieht in der Phase eins. Hierbei bekommt die Lehrgangsleitung einen ersten Einblick in die Gruppenzusammensetzung und kann die ersten Ausgangsvariablen erkunden.

In Phase zwei werden die erkannten Ausgangsvariablen zur Grundlage der weiteren Planung. Die Teilnehmerinnen und Teilnehmer sollen in dieser zweiten Phase vorgegebene Situationen lösen, Strategien entwickeln und dabei auftretende Gefahren erkennen und einschätzen lernen. Dies alles geschieht auf dem Hintergrund erster Einschätzungen des Lehrgangsleiters, bzw. der Lehrgangsleiterin.

Die eigene Gestaltung von Situationen ist der wesentliche Inhalt der Phase drei. Hier kommt es besonders auf Gruppenlösungsstrategien an, die in der vorherigen Phase schon eingeübt wurden.

In der Projektphase (Phase vier) sollen die Teilnehmer und Teilnehmerinnen im Rückgriff auf bisherige Erkenntnisse und Erfahrungen im Abenteuer- und Erlebnissport große Projekte gemeinsam planen, durchführen und analysieren.

7.2.2 Tägliche Vereinspraxis

Im Gegensatz zum Einsatz des Abenteuer- und Erlebnissports in den Lehrgängen finden wir in der täglichen Vereinspraxis keine sich ständig wechselnde Gruppenzusammensetzung vor. Im Wesentlichen handelt es sich um Gruppen, deren Mitglieder sich schon länger kennen und die eine "soziale Beziehung" zueinander aufgebaut haben.

Daher kann der Abenteuer- und Erlebnissport in vielen Bereichen der täglichen Vereinspraxis angeboten werden, ohne dass es jedesmal notwendig wird, die Phaseneinteilung des Abenteuer- und Erlebnissports einzuhalten. Diese Tatsache stellt für die Planung der einzelnen Stunden eine erhebliche Vereinfachung dar.

So kann der Abenteuer- und Erlebnissport einen Teilbereich in Trainigseinheiten darstellen (alternatives Aufwärmen, alternativer Ausklang), er kann aber auch Inhalt einer gesamten oder mehrerer Trainingseinheiten sein (Schulung sportmotorischer Fertigkeiten und Fähigkeiten).

Gerade im Hinblick auf die sportmotorische Förderung von Kindern, bei denen das eigentliche Techniktraining der einzelnen Sportarten noch nicht im Vordergrund steht, bietet der Abenteuer- und Erlebnissport hervorragende Möglichkeiten, die sportmotorischen Grundeigenschaften zu schulen und auszubauen. Denn ausreichend Kraft, Geschicklichkeit, Schnelligkeit und Ausdauer sind die Grundqualifikationen, die in allen Sportarten gefordert werden.

Durch den Abenteuer- und Erlebnissport werden die Kinder über vielfältige Situationen spielerisch an diese Grundqualifikationen herangeführt. Neugier und Abenteuerlust werden ebenso befriedigt wie der Drang zu Bewegung.

Aber nicht nur bei Kindern, sondern auch bei Jugendlichen und Erwachsenen ist der Abenteuer- und Erlebnissport von seiner Anlage her geeignet, einen besonderen Motivationsschub bei den Übenden zu erreichen und Abwechslung in den Trainingsalltag zu bringen.

Im Folgenden werden die Einsatzbereiche des Abenteuer- und Erlebnissports in der täglichen Vereinspraxis an drei Beispielen exemplarisch erläutert.

Beispiel: Alternatives Aufwärmen: Atomspiel

Gruppengröße: Großgruppe

Alter der Teilnehmer: für alle Altersstufen geeignet

Vorbereitung: nicht erforderlich

Durchführung: Beim Atomspiel laufen alle Mitspieler/innen kreuz und quer durch die Halle. Auf Zuruf des Übungsleiters bzw. der Übungsleiterin und Nennen einer Zahl (z.B. ATOM 5), finden sich in diesem Falle 5 Spieler/innen blitzartig zusammen. Die einzelnen Atomteile (Spieler/innen) müssen sich verketten und haben die Aufgabe eine Atomstruktur aufzubauen.

Das bedeutet z.B., dass das gesamte ATOM 5 nur mit drei Füßen und einer Hand den Boden berühren darf. Weder Po noch Knie oder andere Körperteile dürfen den Hallenboden berühren, sondern eben nur drei Füße und eine Hand des gesamten Atoms. Wenn sich das Atom gebildet hat, muss es 30 Sekunden in dieser "Atomstarre" verharren. Ist die Atomstarre überstanden, laufen die Spielenden wieder durch die Halle, bis zum nächsten Zuruf des Übungsleiters, bzw. der Übungsleiterin (z.B. ATOM 7).

Bei diesem Atomspiel sind beliebig viele Variationen denkbar, sowohl in der Atomgröße als auch in der Anzahl der Berührungspunkte mit dem Boden. Schwierig wird folgendes: ATOM 18 vier Hände, sechs Füße, ein Po.

Kommentar: Neben der rein läuferischen Beanspruchung der Teilnehmer und Teilnehmerinnen durch das Laufen in der Sporthalle, werden auch Geschicklichkeits- und Kraftelemente gefordert, je nachdem, wie kompliziert die Atomstruktur ist. Der Übungsleiter hat also die Möglichkeit, die Belastungsdosierung einmal durch die Länge der Laufphasen, und andererseits durch den Schwierigkeitsgrad der Atomstruktur zu steuern.

Beim Atomspiel stehen neben der läuferischen (konditionellen) Beanspruchung besonders auch die sozialen Interaktionsformen im Blickpunkt. Denn wie eine bestimmte

Atomstruktur gebildet wird ist nicht immer von vornherein ersichtlich, sondern muss über den Austausch von Lösungsmöglichkeiten erfolgen. Je schwieriger die Atomstruktur, desto länger und aufwendiger ist der Interaktionsprozess.

Schulung sportmotorischer Fähigkeiten

An diesem Beispiel wird die Schulung des Gleichgewichtssinns und des "Körpergefühls" verdeutlicht, welche für Ausübung vieler Sportarten von Bedeutung sind.

Beispiel: Bankschaukel

Gruppengröße: beliebig
Alter der Teilnehmer: für alle Altersstufen geeignet
Vorbereitung: nicht erforderlich
Durchführung: Auf eine umgedrehte Langbank, die schmale Seite zeigt nach oben, wir eine zweite, ebenfalls umgedrehte Langbank gelegt. Die Übenden haben nun die Aufgabe, mit jeweils vier verschiedenen Bällen im Arm die Plätze zu tauschen, Ganz besonders schwierig ist ein Platztausch, ohne dass die Enden der Bank den Boden berühren.
Kommentar: Durch die Wahl der Bälle und durch die Variation der Anzahl der zu transportierenden Bälle kann die koordinative Anforderung verändert werden.

Alternativer Ausklang von Übungsstunden
Beispiel: Partner/innenfußball

Gruppengröße: beliebig
Alter der Teilnehmer: für alle Altersstufen geeignet
Vorbereitung: Luftballons
Durchführung: Fußball mal anders! Auf das Kommando "Zwilling" finden sich zwei Teilnehmer/innen zusammen. Sie sind mit einem Springseilchen verbunden, d.h. sie halten das Springseilchen in den Händen (nicht anbinden!). Zwei quer gestellt Weichbodenmatten bilden die Tore und ein Luftballon wird zum Fußball. Gespielt wir ohne Tor-Zwillingspaar und nur mit den Füßen. Wird ein Paar getrennt, bekommt die andere Mannschaft einen Freischuss aus 2m Entfernung auf das gegnerische Tor (schwierig genug!). Sind die Spielerinnen und Spieler geübt, können mehrere Luftballons oder auch Bälle ins Spiel gebracht werden. Ein mit einem Luftballon erzieltes Tor zählt fünffach, Tischtennisball dreifach, Tennisball einfach. Es sollten keine Fuß, Volley-, oder Gymnastikbälle verwendet werden.
Kommentar: Auch hier stehen die pädagogischen Möglichkeiten des Abenteuer- und Erlebnissports nicht im Vordergrund. Ziel ist es lediglich, durch eine abwechslungsreiche Gestaltung des Ausklangs von Übungsstunden mehr Spaß und auch mal etwas Neues in den Trainingsablauf zu bringen.

7.3 Jugendsozialarbeit

Betrachten wir den Abenteuer- und Erlebnissport im Rahmen einer (körperbe-
tonten) Jugendsozialarbeit, so ist folgende Grundüberlegung von entscheiden-
der Bedeutung.

In einer sich immer weiter differenzierenden und individualisierenden Gesellschaft wird für die Jugendlichen das Erlernen bestimmter Techniken der
Alltagsbewältigung wie z.b. der Distanzierung vom Körper als Durchsetzungs-
instanz oder die Distanzierung von Affekten und das Hinwenden zu überlegten
Aktionen immer notwendiger. Doch es gibt in unserer Gesellschaft viele soziale Klassen, denen Bevölkerungsgruppen angehören, deren Alltagsbewältigung nicht durch die Fähigkeit der Distanzierung charakterisiert ist. Körperlichkeit als Durchsetzungsmittel (Konfliktlösung), geringe Enttäuschungsfes-
tigkeit, extreme Gegenwartsbezogenheit und damit eine geringe Planungsbe-
reitschaft sind Kompetenzen, die in den jeweiligen Lebenswelten (sozialen
Klassen) einen hohen Wert haben, die aber einen äußerst geringen Wert z.B.
auf dem Bildungs- und Berufsmarkt haben und damit die Verteilung der Le-
benschancen stark negativ beeinflussen.

Durch den Abenteuer- und Erlebnissport wird es möglich, solche Jugendlichen anzusprechen, denen aus den genannten Gründen eine Teilhabe am gesellschaftlichen Leben bisher nur schwer möglich war. Dazu zählen auch diejenigen Jugendlichen, die aufgrund ihrer (negativen) Sozialkompetenz bisher
keinen Anschluss an das Berufsleben gefunden haben. Ebenso können Jugendliche angesprochen werden, die bisher noch nicht an Vereine angebunden sind,
weil sie die dort geforderten Verhaltensweisen nicht erbringen können.

Der Abenteuer- und Erlebnissport bietet hier natürlich kein Allheilmittel
zur Aufarbeitung der genannten Defizite, noch kann von ihm die Wirkung eines "Allheilmittels" erwartet werden. Der Abenteuer- und Erlebnissport soll in
diesem Zusammenhang Möglichkeiten nach körperbetonter Raumeroberung,
nach Action und direkten Rückkopplungen von Handlungen bieten und diese mit den Persönlichkeitsanforderungen des Berufslebens wie Konzentrati-
onsfähigkeit, Ausdauer, Planungskompetenz, realistische Selbsteinschätzung
und Teamfähigkeit verbinden.

Der Abenteuer- und Erlebnissport soll den Jugendlichen weiterhin Alternativen zur Freizeitgestaltung bieten und so die Jugendlichen "von der Straße
holen". Gerade die sinnvolle Freizeitbeschäftigung ist oft ein großes Problem
der (Problem)Jugendlichen, welches nicht selten in der Delinquenz endet.

Viele Jugendzentren und andere Institutionen der Jugendsozialarbeit haben die große Möglichkeit, Jugendliche zu erreichen, die von den Vereinen
nicht erreicht werden. Um aber die Jugendlichen anzusprechen, bedarf es au-
ßergewöhnlicher und interessanter Angebote seitens der Institutionen der Ju-

gendsozialarbeit. Mit einem Bastelnachmittag lockt mein keinen Jugendlichen mehr hinter dem Ofen hervor.

Da das Bedürfnis nach Abenteuern und Erlebnissen ein immanentes Bedürfnis ist, bietet sich gerade hier die Möglichkeit, diese (Problem)Jugendlichen durch den Abenteuer- und Erlebnissport zu erreichen. Bieten wir nicht diese Alternativen an, so tun es andere, wie z.b. rechtsradikale Organisationen, die die Jugendlichen oft mit Abenteuern und Erlebnissen locken. Oder die Jugendlichen suchen sich ihre Abenteuer und Erlebnisse auf anderen Feldern. Und diese sind oft nicht normgerecht (Jugendkriminalität). Aus wissenschaftlichen Untersuchungen ist belegt, dass 80% der Diebstahlsdelikte der jugendlichen Straftäter aus Abenteuerlust begangen heraus werden (vgl. Böhnke, 1992).

Dieses vor Augen macht deutlich, wie wichtig es ist, auch den (Problem)Jugendlichen Handlungsstrategien zu vermitteln, die auf eine Erhöhung ihrer Freizeit und Lebenskompetenzen beruhen. Dies kann zu einem Teil durch den Abenteuer- und Erlebnissport geschehen.

7.3.1 Tagesaktionen

Viele Jugendzentren bieten für die Jugendlichen Tagesaktionen an. Durch den Abenteuer- und Erlebnissport bietet sich hier eine gute Möglichkeit, zusammenhängende Aktionen anzubieten, die über einen kurzweiligen Charakter hinausgehen. So können sich die Jugendlichen z.B. an einem Freitagabend treffen und gemeinsam eine Aktion für den Samstag ausarbeiten und planen. Am Samstag besteht dann die Möglichkeit, die gemeinsam geplante Aktion auch gemeinsam durchzuführen und in die Tat umzusetzen. Die Jugendlichen sehen also unmittelbar den Erfolg ihrer gemeinsamen Planung. Eine solche Vorgehensweise bringt für die Jugendsozialarbeit mehrere Vorteile. Zum einen wird den Jugendlichen eine längere Aufgabe gestellt (je nach Komplexität des Projekts können die Vorplanungen auch eine ganze Woche jeweils abends laufen). Die Jugendlichen müssen zu diesen Termin regelmäßig erscheinen, denn ohne die Hilfe jedes einzelnen klappt die Planung nicht. Zum anderen lernen sie, an einer Aufgabe zielstrebig zu arbeiten und bekommen die Erfolge der Arbeit auch direkt zurückgemeldet. Nichts ist schöner, als das Funktionieren einer lange und sorgfältig geplanten Aktion. Durch den enorm hohen Aufforderungscharakter des Abenteuer- und Erlebnissports können Jugendliche erreicht und "bei der Stange" gehalten werden, die sonst nur schwer für längere Aktionen gewonnen werden können.

Beispiel: Burma-Brücke

Gruppengröße: beliebig

Alter der Teilnehmer: ab 10 Jahren

Vorbereitung: Für die Brücke: zwei Bergsteigerseile 50m, vier Karabiner, zwei Seilrollen, eine Reepschnur von zwei Metern Länge.

Zur Sicherung: eine Seilrolle, eine Reepschnur von zwei Metern Länge, eine Reepschnur von 25m Länge, zwei HMS Karabiner, ein Hüftgurt.

Der gesamte Aufbau der Brücke muss, auch wenn er von verschiedenen Teilgruppen übernommen wird, von einem geübten Leiter, bzw. einer geübten Leiterin überwacht werden.

Durchführung: Die wohl schönste, aber auch schwierigste Brücke ist die Burma-Brücke. Sie wird (nicht nur in Burma) benutzt, um Schluchten oder Flüsse mit wenig Hilfsmitteln zu überwinden. Der Aufbau ist sehr langwierig und stellt für die Teilnehmerinnen und Teilnehmer eine große Herausforderung dar.

Die Brücke eignet sich besonders für den Aufbau in der Natur. In der Sporthalle ist der Aufbau sehr schwierig, da oft nicht genügend Befestigungspunkte in der notwendigen Höhe von drei bis fünf Metern vorhanden sind. Sind Befestigungspunkte vorhanden, muss sichergestellt sein, dass diese den Belastungen auch standhalten.

Im Folgenden ist der Aufbau in der Natur beschrieben.

Als Befestigungspunkte dienen zwei Bäume, die sich auf beiden Seite der Schlucht gegenüber stehen.

Fußseil: Das Fußseil wird mit einer gesteckten Acht an Baum A befestigt. Dann wird es über die Schlucht gezogen, und durch eine Seilrolle geführt, die an einer Seilschlaufe und einem Karabiner an Baum B befestigt ist. Nun wird das Fußseil ca. zwei bis drei Meter zurückgeführt. An dieser Stelle wird in das nun schon etwas gespannte, von Baum A kommende Fußseil eine Reepschnur mit einem Prusikknoten befestigt, in die ein Karabiner eingehängt wird. An diesem Karabiner wird die zweite Seilrolle befestigt.

Nun wird das Fußseil durch die zweite Seilrolle zurück zu Baum B geführt, wo es mit einem Spannknoten an einer Seilschlaufe und einem Karabiner befestigt wird.

Das Seil wird nun mit vereinten Kräften gespannt. Merke: je größer der Abstand der Bäume, desto größer ist die Dehnung des Seils. Eine Überdehnung muss auf jeden Fall vermieden werden, da das Seil sonst reißen kann. Durch die enorm hohen Kräfte beim Reißen des Seils entsteht eine große Verletzungsgefahr.

Nachdem das Fußseil gespannt ist, werden ca. zwei Meter über dem Fußseil ein, besser zwei Handseile befestigt. Da diese Seile nicht so straff gespannt werden müssen wie das Laufseil, reicht es aus, die Handseile ohne Umlenkrollen, nur mit einem Spannknoten zu spannen.

Bei der Überquerung ist unbedingt darauf zu achten, dass die Teilnehmer/innen über einen Hüftgurt am Handseil gesichert sind.

Kommentar: Diese Situation ist ein Höhepunkt im Abenteuer- und Erlebnissport. Durch seinen hohen Aufforderungscharakter wird er schnell zu einem Element, was jede Freizeit bereichert.

Da die Jugendlichen über einen längeren Zeitraum zusammen sind, können und sollten sie sich an der Planung und Vorbereitung beteiligen. Dieses Vorbereiten und Planen für sich allein genommen stellt für einige Jugendliche schon einen gewissen

Höhepunkt dar, der nur noch vom Nervenkitzel beim Überqueren der Brücke (Hält sie denn wirklich?) übertroffen wird. Die Leiterinnen und Leiter stehen in der Verantwortung, für die Einhaltung der Sicherheitskriterien zu sorgen. Ansonsten gelten ähnliche Anmerkungen wie für die Situation "Erlebniswanderung mit Flussüberquerung".

7.3.2 Stadtteilfeste

Die Durchführung des Abenteuer- und Erlebnissports im Rahmen von Stadtteilfesten stellt einen Bereich dar, der besonders zu besprechen ist, da er von der Anlage her eigentlich nicht in unseren Abenteuer- und Erlebnissportansatz passt. Wenn dieser Bereich dennoch im Rahmen dieses Handbuches besprochen wird, dann geschieht dies aus dem Wissen heraus, dass sich der Abenteuer- und Erlebnissport zu einem "Magneten" mit hohem Aufforderungscharakter entwickelt hat. Gerade dieser hohe Aufforderungscharakter besitzt für die Jugendsozialarbeit eine nicht unerhebliche Wirkung

Wir müssen uns aber bewusst sein, dass wir ausschließlich singuläre, aus dem Zusammenhang herausgerissene Elemente des Abenteuer- und Erlebnissports anbieten. Sie sind nicht in die methodisch-didaktische Grundkonzeption eingebettet.

Bezüglich der Teilnehmerinnen und Teilnehmer haben wir weder die Gewissheit die psychischen, sozialen und physischen Ausgangsvariablen zu kennen, noch haben wir die Möglichkeit, sie im Verlauf der Veranstaltung zu erschließen. Bei den Veranstaltungen bieten wir singuläre Situationen an, die wir hinterher nicht mehr mit den Teilnehmerinnen und Teilnehmern auswerten und besprechen können. Wir tun also das, was wir im Abenteuer- und Erlebnissport eigentlich vermeiden sollten. Da der Abenteuer- und Erlebnissport aber einen so hohen Aufforderungscharakter hat, können einzelne Situationen durchaus im Rahmen von Veranstaltungen angeboten werden.

Beispiel: Kastenturm

Gruppengröße: beliebig
Alter der Teilnehmer: für alle Altersstufen geeignet
Vorbereitung: Zunächst muss ein geeignetes Gelände zur Durchführung dieser Situation gefunden werden. Auf diesem Gelände muss eine stabile Befestigungsmöglichkeit für die Umlenkrolle des Sicherungsseiles in ca. 4 bis 5m Höhe sein. Dies Umlenkstelle ist von den Durchführenden auf die notwendigen Sicherheitskriterien zu überprüfen. Es darf auf keinen Fall nach dem Motto gehandelt werden "Das sieht stabil aus und wird schon halten." Eine sicherheitstechnische Überprüfung ist unerlässlich! Die Befestigung des Sicherungsseiles HMS-Karabiner und HMS-Knoten müssen ebenfalls überprüft werden.

Das Gelände muss weiträumig gestaltet sein, da ein Sicherheitsbereich von ca. vier bis fünf Meter Radius benötigt wird. Dieser Sicherheitsbereich ist notwendig, um Zuschauer vor eventuell umfallenden Kästen zu schützen. Drei Helfer/innen sind die personale Mindestausstattung.

Die weitere Vorbereitung besteht aus der Beschaffung der Materialien. Benötigt werden: 10 bis 15 Cola-Kästen, Absperrband, evtl. Haltestangen für das Absperrband, Sicherungsseil (Bergsteigerseil), Schlauchbänder verschiedener Größe, drei HMS-Karabiner, eine Seilrolle, vier bis fünf Komplettgurte verschiedener Größe. Eventuell eine Leiter (vier bis fünf Meter Höhe).

Aufbau: Umlenkstelle (Kletterstelle): An der Umlenkstelle wird in vier bis fünf Metern Höhe ein Schlauchband befestigt, in das ein HMS-Karabiner eingehängt wird. In diesem HMS-Karabiner wird eine Seilrolle befestigt, durch die das Sicherungsseil geführt wird.

Sicherungsstelle: An einem Baum oder Pfosten wir in Bodennähe ein Schlauchband angebracht, in das ebenfalls ein HMS-Karabiner eingehängt wird.

Sicherungsseil: Direkt unter der Umlenkstelle befindet sich die spätere Kletterstelle. Damit die Kletternden mit dem Sicherungsseil verbunden werden können, wird in das Ende des Seils ein Achtknoten geschlagen. An der Umlenkstelle wird das Sicherungsseil mit einem HMS-Knoten am HMS- Karabiner befestigt.

Nun wird der Sicherheitsbereich durch das Absperrband markiert und schon kann's losgehen.

Durchführung: Der erste Kletterer wird mit einem Komplettgurt versehen und mit dem HMS- Karabiner in den Achtkonten eingehängt. Nun versucht er, mit den durch einen Helfer angereichten Kästen einen Turm zu bauen und klettert dabei von Kasten zu Kasten immer höher. Schon nach kurzer Zeit hat der Kletterer eine Höhe von fünf bis sechs Kästen erreicht. Nun wird es notwendig, dass der Helfer dem Kletterer die weiteren Kästen zuwirft. Während dieser Phase kann der zweite Helfer den nächsten Teilnehmer mit einem Komplettgurt versehen, damit die Wartezeiten möglichst kurz gehalten werden.

Der oder die Sichernde muss während des gesamten Sicherungsvorgangs darauf achten, dass das Sicherungsseil nicht zu weit durchhängt und auch nicht zu stark gestrafft wird.

Hat der oder die Kletternde eine Höhe erreicht an der er umkehren möchte, beginnt der ganze Vorgang rückwärts. Die Kästen sollen von oben her abgebaut und dem Helfer oder der Helferin zugeworfen werden. Ein absichtliches Umstoßen der Turms sollte vermieden werden, da zum einen die Kästen je nach Untergrund bei dem Aufprall sehr weit wegspringen und zum anderen auch zerstört werden können.

Kommentar: Diese Station hat sich als eine der Hauptattraktivitäten bei Stadtteilfesten herauskristallisiert. Sie hat einen enormen Aufforderungscharakter und bedarf keiner Spitzensportler. Sie ist für jeden und jede zu schaffen. Man muss ja nicht fünf Meter Höhe erreichen.

So isoliert angeboten beschränkt sich die Wirkung dieser Station auf bloßen Nervenkitzel.

Während der Durchführung sollte immer darauf hingewiesen werden, dass es sich nur um einen Ausschnitt des Abenteuer- und Erlebnissport handelt.

8 Alphabetische Auflistung der Abenteuer- und Erlebnissportelemente

Kategorie A

Kann von jedermann ohne besondere Vorkenntnisse durchgeführt werden. Keine Spezialkenntnisse notwendig.

Nr.	Name	Ort	Ziel-gruppe	Grup.-größe	Mat.-bed.	Zeit-bed.
A 1	Amöbe	N, H	K, J, E	mit. – gr.	↘	< 10
A 2	Arschaufderhöh	N, H	K, J, E	mit. – gr.	↘	< 10
A 3	Atomspiel	N, H	K, J, E	groß	–	–
A 4	Ball- und Flugspiele	N, H	K, J, E	groß	↗	10 – 20
A 5	Ballonjagd	H	K, J, E	mit. – gr.	↘	< 10
A 6	Ballontausch	N, H	K, J, E	bel.	↘	< 10
A 7	Ballontransport 1	N, H	K, J, E	bel.	↑	> 20
A 8	Ballontransport 2	N, H	K, J, E	bel.	↘	–
A 9	Ballontreiben	H	K, J, E	mit. – gr.	↘	< 10
A 10	Ballpusten	H	K, J, E	bel.	↘	< 10
A 11	Ballschleuder	N, H	K, J, E	bel.	↗	< 10
A 12	Ballübergabe	H	K, J, E	bel.	↘	< 10
A 13	Bankschaukel	H	K, J, E	bel.	↘	< 10
A 14	Berühmte Leute	N, H	K, J, E	bel.	↘	–
A 15	Bienenkönigin	N, H	K, J, E	mit. – gr.	–	–
A 16	Brückenbau 1	H	K, J, E	bel.	↗	10 – 20
A 17	Entgleisung	H	K, J, E	bel.	↘	< 10
A 18	Erdbeben	H	K, J, E	mit. – gr.	↘	< 10
A 19	Erdbesteigung	N, H	K, J, E	bel.	↘	< 10
A 20	Familiensuche	N, H	K, J, E	bel.	–	–
A 21	Fliegerprüfung	N, H	K, J, E	bel.	–	–
A 22	Fliescnfangen	N, H	K, J, E	bel.	↘	< 10
A 23	Fluri-Ball	N, H	K, J, E	bel.	↘	< 10
A 24	Förderband 3	N	K, J, E	mit. – gr.	–	–
A 25	Fuchs und Hase	N, H	K, J, E	bel.	–	–
A 26	Gordischer Knoten	N, H	K, J, E	mit. – gr.	–	–
A 27	Greif 1	N, H	K, J, E	bel.	↘	–

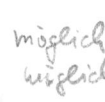
möglich
unmöglich

Nr.	Name	Ort	Ziel-gruppe	Grup.-größe	Mat.-bed.	Zeit-bed.
A 28	Greif 2	N, H	K, J, E	bel.	↘	–
A 29	Greif 3	N, H	K, J, E	bel.	↘	–
A 30	Insellauf	H	K, J, E	mit. – gr.	↘	< 10
A 31	Inselrettung	H	K, J, E	mit. – gr.	↗	10 – 20
A 32	Mattenhaus	H	K, J, E	bel.	↘	–
A 33	Mattenrutschen	N, H	J, E	bel.	↘	–
A 34	Mattenwenden	H	K, J, E	bel.	↘	–
A 35	Medizinballgehen	N, H	K, J, E	bel.	↘	–
A 36	Partner/innenfußball	N, H	K, J, E	mit. – gr.	↘	–
A 37	Perlentauchen	N, H	K, J, E	bel.	↘	–
A 38	Platztausch	N, H	K, J, E	mit. – gr.	↗	< 10
A 39	Quadrat	N, H	K, J, E	bel.	↘	–
A 40	Roboter	N, H	K, J, E	bel.	–	–
A 41	Rollbank	H	K, J, E	bel.	↘	–
A 42	Römisches Wagenrennen	N, H	J, E	bel.	↘	–
A 43	Sanitäter	H	K, J, E	bel.	↘	–
A 44	Schaukelsammler	H	K, J, E	bel.	↘	< 10
A 45	Schräger Hang	H	K, J, E	bel.	↘	< 10
A 46	Schwanzfangen	N, H	K, J, E	bel.	↘	–
A 47	Sensi 1	N, H	K, J, E	bel.	↘	–
A 48	Sensi 2	N, H	K, J, E	bel.	–	–
A 49	Siamesische Zwillinge	N, H	K, J, E	bel.	↘	< 10
A 50	Spieglein-Spieglein	N, H	K, J, E	bel.	↘	–
A 51	Stamm	N	K, J, E	bel.	↘	–
A 52	Steifer Stock	N, H	K, J, E	bel.	–	–
A 53	Stöckchen	N	K, J, E	bel.	–	–
A 54	Tanzbär	N, H	K, J, E	bel.	–	–
A 55	Wasserleitung 1	N	K, J, E	bel.	↗	10 – 20
A 56	Wasserleitung 2	N	K, J, E	bel.	↗	10 – 20
A 57	Zeitungslauf	N, H	K, J, E	bel.	–	–
A 58	Zielscheibe	N, H	K, J, E	bel.	↘	10 – 20

Kategorie B

Durchführende sollten die Elemente schon selbst erlebt haben. Einführende
Kenntnisse vom Abenteuer- und Erlebnissport sollten vorhanden sein.

Nr.	Name	Ort	Ziel-gruppe	Grup.-größe	Mat.-bed.	Zeit-bed.
B 1	Abseilen im Dülversitz	N, H	K, J, E	kl. – mit.	↘	10 – 20
B 2	Adler	N, H	J, E	mit. – gr.	–	–
B 3	Akrobatik "Galionsfigur 1"	N, H	K, J, E	bel.	↘	–
B 4	Akrobatik "Galionsfigur 2"	N, H	K, J, E	bel.	↘	–
B 5	Akrobatik "Kastenstapel"	H	J, E	mit. – gr.	↘	< 10
B 6	Akrobatik "Kettenpyramide"	N, H	K, J, E	bel.	↘	–
B 7	Akrobatik "Knie-Schulter-Stand"	N, H	J, E	bel.	↘	–
B 8	Akrobatik "Schulterstand"	N, H	J, E	bel.	↘	–
B 9	Akrobatik "Zusammengesetzte Elemente"	N, H	J, E	mit. – gr.	↘	< 10
B 10	Ausbruch	H	K, J, E	mit. – gr.	↘	< 10
B 11	Brückenbau 2	H	K, J, E	bel.	↗	10 – 20
B 12	Fakir	N, H	K, J, E	bel.	↗	> 20
B 13	Fallschirmsprung	H	K, J, E	kl. – mit.	↘	< 10
B 14	Filzpantoffelweitsprung	H	K, J, E	bel.	↘	< 10
B 15	Förderband 1	N, H	J, E	mit. – gr.	–	–
B 16	Förderband 2	N, H	K, J, E	mit. – gr.	–	–
B 17	Gassenlauf	N, H	K, J, E	bel.	–	–
B 18	Gerettet?	H	K, J, E	bel.	↘	< 10
B 19	Gletscherspalte	N, H	K, J, E	bel.	↘	< 10
B 20	Gratwanderung	N, H	K, J, E	bel.	↘	< 10
B 21	Höhlenforschung 2	N	K, J, E	bel.	↘	> 20
B 22	Kaminklettern	H	K, J, E	bel.	–	–
B 23	Krake	N, H	K, J, E	bel.	↘	< 10
B 24	Liane	H	K, J, E	bel.	↘	10 – 20
B 25	Menschenkette	N, H	K, J, E	mit. – gr.	–	–
B 26	Modellieren	N, H	J, E	bel.	↘	–
B 27	Netz	N, H	K, J, E	bel.	↘	10 – 20
B 28	Peitschenschlag	N, H	J, E	bel.	↘	–
B 29	Platzwechsel	N, H	K, J, E	mit. – gr.	↘	–
B 30	Quadrat-Schnüffel	H	K, J, E	bel.	↘	> 20

Nr.	Name	Ort	Ziel-gruppe	Grup.-größe	Mat.-bed.	Zeit-bed.
B 31	Riechkim	N, H	K, J, E	bel.	↘	> 20
B 32	Rolle-Rolle	N, H	K, J, E	bel.	↘	–
B 33	Sandwich	H	J, E	bel.	↘	–
B 34	Schneeblind	N, H	K, J, E	bel.	↗	10 – 20
B 35	Seilbrücke	N, H	J, E	bel.	↘	< 10
B 36	Sitzschlange	N, H	K, J, E	bel.	↘	–
B 37	Spinne	N, H	K, J, E	bel.	↘	< 10
B 38	Sportlerraten	N, H	K, J, E	bel.	↘	–
B 39	Sprung aus den Wolken	H	K, J, E	bel.	–	–
B 40	Sprung über den Abgrund	N, H	K, J, E	bel.	↗	10 – 20
B 41	Steilwand	H	K, J, E	bel.	↗	10 – 20
B 42	Todesspirale	N, H	K, J, E	bel.	–	–
B 43	Vorsicht !	N, H	K, J, E	bel.	–	–
B 44	Wo bin ich?	N	K, J, E	bel.	–	–

Kategorie C

Durchführende müssen einen Lehrgang oder eine Fortbildung Abenteuer- und Erlebnissport belegt haben. Spezialkenntnisse erforderlich.

Nr.	Name	Ort	Ziel-gruppe	Grup.-größe	Mat.-bed.	Zeit-bed.
C 1	Abseilen mit Überkopfsicherung	N	K, J, E	kl. – mit.	↑	> 20
C 2	Burma-Brücke	N	(J), E	kl. – mit.	↑	> 20
C 3	Fall	N, H	K, J, E	mit. – gr.	↘	< 10
C 4	Fensterln 2	N, H	J, E	bel.	–	–
C 5	Höhlenforschung 1	H	K, J, E	bel.	↘	> 20
C 6	NASA-Spiel	N, H	J, E	bel.	↘	–
C 7	Pendel	N, H	(J), E	groß	–	–
C 8	Prusiken	N, H	J, E	kl. – mit.	↘	< 10
C 9	Schlucht überwinden	H	J, E	bel.	↘	< 10
C 10	Schwebende Jungfrau	N, H	J, E	bel.	↘	–
C 11	Slip-Line	N, H	K, J, E	bel.	↗	> 20
C 12	Stierkoppel	N, H	K, J, E	bel.	↘	–
C 13	Trapezsprung 1 (Dreiertrapez)	H	J, E	bel.	↗	> 20
C 14	Trapezsprung 2	H	(J), E	bel.	↑	> 20
C 15	Triangel	N	K, J, E	bel.	↑	> 20
C 16	Turmbau zu Babel	N, H	K, J, E	bel.	↑	> 20
C 17	Zirkus-Zirkus	N, H	K, J, E	bel.	–	–

A 1 Amöbe

Ort	Natur, Halle	Zeitaufwand	bis 10 Min.
Gruppengröße	mittel bis groß	**Materialaufwand**	wenig
Zielgruppe	Kinder, Jugendliche, Erwachsene		

Beschreibung:
Die Gruppenmitglieder sollen eine Amöbe bilden. Diese hat ganz bestimmte Eigenschaften: sie besteht aus vielen Einzelteilen (Gruppenmitglieder), darf wenig Grundfläche in Anspruch nehmen und muss sich auch über Hindernisse hinwegbewegen, amöbenhaft und langsam. Die Amöbe darf natürlich in der Bewegung nicht auseinanderbrechen dann hat das Amöbenleben ein Ende.
Eine schwierige, aber zu lösende Aufgabe: Amöbe mit 10 Teilen (Gruppenmitgliedern), 4 Amöbenteile unten, der Rest obendrauf. Und dann fortbewegen: über eine Mattenbahn, einen kleinen Kasten, zwei schräggestellte Turnbänke hoch, eine Weichbodenmatte hinunter (und zurück).

Materialbedarf:
Für den beschriebenen Aufbau: 8 Turnmatten, 2 kleine Kästen, 2 Turnbänke, einen großen Kasten, eine Weichbodenmatte.

Sicherheitshinweise:
Die Sturzbereiche (Turnbänke) mit Matten absichern.

Tipp:
Um Gruppenlösungsstrategien herauszufordern, können bestimmte Aufgaben gestellt werden wie z.B.: Wie hoch kann eine Amöbe aus 12 Teilnehmer sein?
Wie passt eine Amöbe mit 14 Teilnehmer auf eine Turnmatte?

A 2 Arschaufderhöh

Ort	Natur, Halle	Zeitaufwand	bis 10 Min.
Gruppengröße	mittel bis groß	**Materialaufwand**	wenig
Zielgruppe	Kinder, Jugendliche, Erwachsene		

Beschreibung:
Die "Arschaufderhöhs", was soviel bedeutet wie "Hochdiepos", sind fast aus-
gestorbene Vögel. Sie haben sich in eine Nische zurückgezogen und leben nur
noch im abgelegensten Winkel des Bayerischen Waldes. Die "Arschaufdhöhs"
können nicht fliegen, sondern nur herumlaufen. Um zu erfahren, wie sich die
"Arschaufdhöhs" fühlen, beugen wir uns vorn über und greifen mit den Händen
an die Unterschenkel. Da die "Arschaufdhöhs" blind sind, schließen wir die
Augen und verlassen uns ganz auf unser Gehör. Die Vögel haben aber noch
eine weitere Eigenart: Sie laufen nur rückwärts und quaken andauernd!
Eine Hälfte der Gruppe spielt das Gehege, denn die "Arschaufdhöhs" sind
eingesperrt, weil sie, blind wie sie sind, immer und immer wieder ihre Eier
zertrampeln. Die andere Hälfte spielt die "Arschaufdhöhs", die natürlich auszubrechen versuchen. Das Gehege hält die "Arschaufderhöhs" bei ihren Aus-
brüchen sanft zurück. Nur eine einzige Lücke befindet sich im Gehege. Sobald
ein "Arschaufderhöh" diese Lücke gefunden hat, fängt es noch wilder an zu
quaken und gibt damit den andern "Arschaufdhöhs" den Weg aus dem Gehege
bekannt.
Sind die "Arschaufderhöhs" aus dem Gehege entflohen, beginnen sie ihre Eier
(Medizinbälle) zu suchen. Diese haben die schlauen Naturschützer natürlich
längst versteckt: Auf einem hohen Kasten auf den ein Steg (Turnbank) führt,
oder auf einem Stapel aus vier Weichbodenmatten. Hat das erste "Arschaufderhöh" die Eier erreicht, ist das Spiel zu Ende und die Gruppen können die
Rollen tauschen.

Materialbedarf:
Turnbank, großer Kasten, Turnmatten, vier Weichböden, Medizinbälle.

Sicherheitshinweise:
Die Sturzbereiche müssen mit Matten abgesichert werden.

Tipp:
Ganz scheuen "Arschaufderhöhs" hilft eine Augenbinde.

Merkblatt für neue Spielideen

Name

Ort

Gruppengröße/Zielgruppe

Zeitaufwand/Materialaufwand

Beschreibung

Materialbedarf

Sicherheitshinweise

A 3 Atomspiel

Ort	Natur, Halle	Zeitaufwand	keiner
Gruppengröße	groß	Materialaufwand	keiner
Zielgruppe	Kinder, Jugendliche, Erwachsene		

Beschreibung:
Beim Atomspiel laufen alle Mitspieler/innen kreuz und quer durch die Halle. Auf Zuruf des Spielleiters/der Spielleiterin und Nennen einer Zahl (z.B. ATOM 5), finden sich in diesem Fall 5 Spieler/innen zusammen (blitzartig!). Dieses Atom 5 hat nun die Aufgabe, eine Atomstruktur aufzubauen. Die einzelnen Atomteile (Mitspieler/innen) müssen sich natürlich verketten. Das bedeutet z.b., dass das gesamte Atom 5 nur mit drei Füßen und einer Hand auf dem Boden stehen darf. Weder Po noch Knie oder andere Körperteile dürfen den Boden berühren, sondern nur drei Füße und eine Hand. Hat das Atom seine Struktur erreicht, muss es 30 Sekunden in dieser Atomstarre verharren.
Hier sind natürlich beliebig viele Variationen denkbar, sowohl in der Atomgröße als auch in der Anzahl der Berührungspunkte mit dem Boden.
Schwierig wird folgendes: ATOM 18 4 Hände, 6 Füße, 1 Po

Materialbedarf:
Keine Materialien erforderlich.

Sicherheitshinweise:
Keine

durchgeführt mit Kl. 4   März 2006
→ sehr gut

A 4 Ball- und Flugspiele

Ort	Natur, Halle	Zeitaufwand	10 bis 20 Min.
Gruppengröße	groß	Materialaufwand	erhöht
Zielgruppe	Kinder, Jugendliche, Erwachsene		

Beschreibung:

Die Teilnehmer und Teilnehmerinnen sollen sich aus einem großen Sack, Korb oder Ähnlichem, einen Ball oder ein Fluggerät heraussuchen und mit diesem spielen. Oft wird es so sein, dass sich verschiedene Partner/innen zusammenfinden, denn gemeinsam macht das Spielen mehr Spaß. Der Übungsleiter bzw. die Übungsleiterin sollten nicht eingreifen. Sie sollten der Gruppe ausreichend Zeit lassen, die verschiedenen Spielgeräte einmal auszuprobieren.

Diese Übung eignet sich ganz besonders für den Beginn einer Unterrichtsreihe oder zum ersten Kennenlernen einer sich neu gefundenen Gruppe. Alle Ball- und Flugspiele sind als alternatives Aufwärmen gut zu verwenden.

Materialbedarf:

Indiaca, Speed-Ball, Volleyball, Fußball, Handball, Luftballons, Fluri- Ball usw.

Sicherheitshinweise:

Keine.

Merkblatt für Spielvariation

Spiel Nr., Name

Variation

A 5 Ballonjagd

Ort	Halle	Zeitaufwand	bis 10 Min.
Gruppengröße	mittel bis groß	Materialaufwand	wenig
Zielgruppe	Kinder, Jugendliche, Erwachsene		

Beschreibung:
Jeder Teilnehmer und jede Teilnehmerin hat einen Luftballon. Diesen sollen sie auf verschiedene Art und Weise durch die Sporthalle befördern. Zunächst den Ballon in die Luft schlagen, dann mit dem Zeigefinger in die Luft tippen, mit dem Ellbogen, mit dem Knie, mit dem Fuß, mit dem Po, mit der Nase ... Zum Schluss bekommen die Teilnehmer die Aufgabe, ihren eigenen Ballon durch die Halle zu treiben und, wenn möglich, andere Ballons wegzuschlagen.

Materialbedarf:
Luftballons

Sicherheitshinweise:
Keine

Tipp:
Auf ausreichend Ersatz für die Luftballons achten!

A 6 Ballontausch

Ort	Natur, Halle	Zeitaufwand	bis 10 Min.
Gruppengröße	beliebig	**Materialaufwand**	wenig
Zielgruppe	Kinder, Jugendliche, Erwachsene		

Beschreibung:

In Fortführung der Ballonjagd haben die Teilnehmer nun die Aufgabe, eng zusammenzuarbeiten. Sie sollen jeweils zu zweit ihre Ballons austauschen. Es gibt nur ein Handicap: zum Ballontausch dürfen weder Hände noch Füße genommen werden. Einzig und allein der Körper ist erlaubt.

Vorzugsweise sollte dieser Ballontausch auf einer großen Matte vollzogen werden, da der eine oder die andere doch aus dem Gleichgewicht kommt.

Materialbedarf:

Weichbodenmatten

Sicherheitshinweise:

Keine

Merkblatt Sicherheit

Spiel Nr., Name

Variation

A 7 Ballontransport 1

Ort	Natur, Halle	Zeitaufwand	über 20 Min.
Gruppengröße	beliebig	**Materialaufwand**	hoch
Zielgruppe	Kinder, Jugendliche, Erwachsene		

Beschreibung:
Eine weitere Variante ist der Ballontransport. Hier haben zwei Teilnehmer die Aufgabe, ihre Ballons über Hindernisse zu transportieren. Selbstverständlich dürfen die Hände nicht dazu benutzt werden, die Ballons festzuhalten. Als Hindernisse können dienen: eine Weichbodenmatte, ein kleiner Kasten, eine Turnbank und vieles mehr. Geschicklichkeit und Zusammenarbeit sind hier die geforderten Qualifikationen.

Materialbedarf:
Je nach Aufbau.

Sicherheitshinweise:
Alle Sturzbereiche müssen mit kleinen Matten abgesichert werden.

A 8 Ballontransport 2

Ort	Natur, Halle	Zeitaufwand	keiner
Gruppengröße	beliebig	Materialaufwand	wenig
Zielgruppe	Kinder, Jugendliche, Erwachsene		

Beschreibung:
Die Teilnehmerinnen und Teilnehmer pusten jeweils einen Ballon auf. Diesen Ballon stecken sie sich vorne unter den Trainingspullover. Danach verteilen sich die Mitspieler in der Halle. Auf Kommando des Leiters gilt es, die Ballons der anderen zerplatzen zu lassen und seinen eigenen Ballon zu schützen. Wessen Ballon zerplatzt ist scheidet aus. Sind nur noch wenige Spieler/innen im Spiel bilden die anderen eine lange Kette und verkleinern das Spielfeld. Der Leiter sollte das Spiel beenden, sobald nur zwei Mitspieler mit Ballons im Spiel sind.

Materialbedarf:
Luftballons

Sicherheitshinweise:
Keine

A 9 Ballontreiben

Ort	Halle	Zeitaufwand	bis 10 Min.
Gruppengröße	mittel bis groß	**Materialaufwand**	wenig
Zielgruppe	Kinder, Jugendliche, Erwachsene		

Beschreibung:
Das Schwierigste unter den Ballonspielen. Die Teilnehmer haben die Aufgabe, mit ihrem Ballon einen Geräteparcours abzugehen. Dabei darf der Ballon aber nicht festgehalten, sondern muss mit den Händen immer in die Luft getrieben werden.
Diese Übung ist eine schwierige Anforderung an das Gleichgewichtsempfinden.

Materialbedarf:
Je nach Parcours.

Sicherheitshinweise:
Alle Sturzbereiche sind mit kleinen Matten abzusichern.

A 10 Ballpusten

Ort	Halle	Zeitaufwand	bis 10 Min.
Gruppengröße	beliebig	Materialaufwand	wenig
Zielgruppe	Kinder, Jugendliche, Erwachsene		

Beschreibung:

Bei diesem Spiel handelt es sich um ein kleines Wettspiel, bei dem die Teilnehmer versuchen, nur mit Hilfe ihrer "Puste" einen Tischtennisball über eine bestimmte Strecke zu befördern. Die Strecke sollte nicht zu lang gewählt werden, da die Übung sehr anstrengend ist.

Bei Bedarf kann die Strecke durch den Aufbau von einigen Hindernissen erschwert werden (Schrägen, Pylone etc.).

Materialbedarf:

Tischtennisbälle, je nach Aufbau zusätzliche Sportgeräte.

Sicherheitshinweise:

Keine

Neue Spielideen?

Haben Sie neue Spieliedeen?
Haben Sie Anmerkungen zu
bestehenden Spielen?

Schreiben Sie an den Autor:

Dr. Jörg Böhnke
Alte Heerstraße 27a
58119 Hagen

Fax: 0 23 34 – 5 77 37

Homepage

Besuchen Sie die Homepage des
Abenteuer- und Erlebnissports
im Internet:

`http://www.abenteuer-erlebnissport.de`

A 11 Ballschleuder

Ort	Natur, Halle	Zeitaufwand	bis 10 Min.
Gruppengröße	beliebig	Materialaufwand	erhöht
Zielgruppe	Kinder, Jugendliche, Erwachsene		

Beschreibung:
Vier Spieler/innen halten eine Wolldecke an den vier Enden fest. Ein auf der Decke befindlicher Ball wird durch gemeinsame Bewegungen hochgeschleudert und anschließend wieder aufgefangen. Der Ball kann auch nach vorne oder hinten geschleudert werden, muss dann durch gemeinsames Laufen wieder aufgefangen werden.

Doppel-Swing:
Zwei Gruppen mit je vier Spielern/innen stehen sich gegenüber und schleudern sich den Ball zu. Hierbei kann sowohl die Entfernung als auch der Ball (Tennisball, Volleyball, Gymnastikball, Fußball, kleiner Medizinball) verändert werden.

Hindernis-Swing:
Aufbau wie beim Doppel-Swing, jedoch werden die Bälle über Hindernisse wie z.B. eine hochgestellte Weichbodenmatte, andere Gruppen, Reckstange usw. geschleudert.

Ketten-Swing:
Die Spieler/innen stehen in mehreren Gruppen nebeneinander und versuchen, viele verschiedene Bälle so schnell wie möglich von einer zur anderen Hallenseite zu schleudern.

Swing-Ball:
Hier spielen zwei Mannschaften gegeneinander. Tore sind die Hallenquerseiten. Der Ball darf nur mit der Wolldecke geschleudert werden. Das Tragen des Balls ist verboten.

Materialbedarf:
Wolldecken, Bälle, verschiedene Sportgeräte

Sicherheitshinweise:
Keine.

Merkblatt für neue Spielideen

Name

Ort

Gruppengröße/Zielgruppe

Zeitaufwand/Materialaufwand

Beschreibung

Materialbedarf

Sicherheitshinweise

A 12 Ballübergabe

Ort	Halle	Zeitaufwand	bis 10 Min.
Gruppengröße	beliebig	Materialaufwand	wenig
Zielgruppe	Kinder, Jugendliche, Erwachsene		

Beschreibung:
Je eine Teilnehmerin oder ein Teilnehmer hängt mit beiden Händen an einem Ring. Aufgabe ist es, verschiedene Bälle mit den Füßen von einem umgedrehten Kastenoberteil in ein anderes Kastenoberteil zu transportieren. Für den Balltransport dürfen nur die Beine oder die Füße benutzt werden.

Materialbedarf:
Ringe, zwei Kastenoberteile, verschiedene Bälle, Turnmatten.

Sicherheitshinweise:
Der Raum zwischen den Kastenoberteilen sollte mit Turnmatten ausgelegt werden.

A 13 Bankschaukel

Ort	Halle	Zeitaufwand	bis 10 Min.
Gruppengröße	beliebig	**Materialaufwand**	wenig
Zielgruppe	Kinder, Jugendliche, Erwachsene		

Beschreibung:
Auf eine umgedrehte Turnbank, die Schmalseite zeigt nach oben, wird eine zweite, ebenfalls umgedrehte Turnbank gelegt. Die Teilnehmer haben nun die Aufgabe, mit jeweils vier verschiedenen Bällen im Arm die Plätze zu tauschen. Ganz besonders schwierig ist ein Platztausch, ohne dass die Enden der Turnbank den Boden berühren.
Durch die Wahl der Bälle lässt sich diese Übung beliebig erleichtern oder erschweren.

Materialbedarf:
Zwei Turnbänke, acht verschiedene Bälle.

Sicherheitshinweise:
Keine

A 14 Berühmte Leute

Ort	Natur, Halle	Zeitaufwand	keiner
Gruppengröße	beliebig	Materialaufwand	wenig
Zielgruppe	Kinder, Jugendliche, Erwachsene		

Beschreibung:
Alle Teilnehmer schreiben ihren Namen auf Karten, die anschließend einge-sammelt werden. Jeder zieht dann eine neue Karte, liest die aber nicht, sondern klebt sich diese Karte vor die Stirn. Die anderen Teilnehmer können nun be-fragt werden, um welche Person es sich bei dem Namen auf der Stirn handelt. Sie dürfen jedoch nur mit ja und nein antworten.

Materialbedarf:
Karten, Tesa-Krepp

Sicherheitshinweise:
Keine

Merkblatt für neue Spielideen

Name

Ort

Gruppengröße/Zielgruppe

Zeitaufwand/Materialaufwand

Beschreibung

Materialbedarf

Sicherheitshinweise

A 15 Bienenkönigin

Ort	Natur, Halle	Zeitaufwand	keiner
Gruppengröße	mittel bis groß	Materialaufwand	keiner
Zielgruppe	Kinder, Jugendliche, Erwachsene		

Beschreibung:

Wir befinden uns auf einem kleinen Bienenausflug kreuz und quer durch die Sporthalle. Dabei wird eine Bienenkönigin, die nicht gut sehen kann (die Augen der Bienenkönigin sind durch eine Augenbinde verschlossen), von einer Arbeitsbiene geführt. Bienen verständigen sich meistens durch Summen, aber auch andere Geräusche sind denkbar. Bienen und Bienenkönigin dürfen sich nicht berühren. Leider kreuzen Wespen den Flugweg der Bienen und versuchen alles, um die Bienenköniginnen zu entführen. Die Wespen ahmen dabei das Geräusch der Arbeitsbiene nach. Wenn die Bienenkönigin der Wespe folgt (und nicht mehr ihrer Arbeitsbiene), wird die Arbeitsbiene zur Wespe. Zu Beginn sollten die Übungsleiter und Übungsleiterinnen die Wespen sein.

Materialbedarf:

Augenbinden

Sicherheitshinweise:

Keine

Merkblatt für Spielvariation

Spiel Nr., Name

Variation

A 16 Brückenbau 1

Ort	Halle	Zeitaufwand	10 bis 20 Min.
Gruppengröße	beliebig	**Materialaufwand**	erhöht
Zielgruppe	Kinder, Jugendliche, Erwachsene		

Beschreibung:

Die erste Stufe beim Bau verschiedener Brücken ist der Bau einer festen Brücke. Auf zwei quer gestellten Kästen liegt eine umgedrehte Turnbank. Zwischen den Kästen liegt zur Sicherung eine Weichbodenmatte (siehe Zeichnung). Die Teilnehmer/innen haben nun die Aufgabe, zunächst mit offenen Augen über die Brücke zu balancieren. In einem zweiten Schritt sollen die Teilnehmer/innen so viele Bälle wie möglich von einer Seite zur anderen transportieren. Als Nächstes soll die Brücke mit geschlossenen Augen (eine Augenbinde leistet hier gute Dienste) überquert werden. Hierbei sollte eine Sicherungsperson den "Abenteurer" begleiteten. Als höchste Stufe gehen zwei schneeblinde Teilnehmer/innen (Augenbinden) von beiden Brückenenden los und haben die Aufgabe, zum jeweils anderen Brückenende zu gelangen. Wie die Abenteurer die Plätze tauschen, bleibt ihnen überlassen (möglicherweise transportieren sie ja auch noch Bälle).

Materialbedarf:

Zwei Kästen, eine Turnbank, eine Weichbodenmatte, kleine Matten, Bälle, Augenbinden.

Sicherheitshinweise:

Beim blinden Überqueren der Brücke sollte stets eine Sicherungsperson anwesend sein.

117

A 17 Entgleisung

Ort	Halle	Zeitaufwand	bis 10 Min.
Gruppengröße	beliebig	Materialaufwand	wenig
Zielgruppe	Kinder, Jugendliche, Erwachsene		

Beschreibung:
Leider sind uns die Eisenbahnschienen abhanden gekommen, so dass unsere
Teilnehmer/innen versuchen sollen, auf Ersatzschienen eine bestimmte Strecke
zu überwinden. Allerdings ist dieser Schienenersatz nicht gerade, sondern voll-
kommen rund: Es sind Bälle verschiedenster Art.
Mit zwei Turnbänken, die auf die Seite gekippt werden, und zwei Kastenoberteilen bauen wir ein Viereck (siehe Zeichnung). In dieses Viereck kommen ca.
30 verschiedene Bälle. Die Kanten der Turnbänke werden mit kleinen Matten
abgesichert, um einen eventuellen Sturz zu mildern.
Ein Teilnehmer versucht nun, ohne den Boden zu berühren und nur auf den
Bällen balancierend, von einem Kastenoberteil zum anderen zu kommen.

Materialbedarf:
Zwei Turnbänke, zwei Kastenoberteile, ca. 30 Bälle, kleine Matten.

Sicherheitshinweise:
Keine.

119

A 18 Erdbeben

Ort	Halle	Zeitaufwand	bis 10 Min.
Gruppengröße	mittel bis groß	**Materialaufwand**	wenig
Zielgruppe	Kinder, Jugendliche, Erwachsene		

Beschreibung:
Unter eine Weichbodenmatte werden ca. 20 Gymnastikbälle gelegt. Die Fläche rings um die Weichbodenmatte wird mit Turnmatten abgesichert. Ein Mitspieler stellt sich auf die Matte, die anderen knien sich auf die kleinen Matten und fangen langsam an, die große Matte zu bewegen. Zuerst ganz langsam, dann kann das Erdbeben immer heftiger werden. Ziel ist es dabei nicht, den Mitspieler von der Matte zu befördern, sondern ihm oder ihr die Möglichkeit zu geben, den Gleichgewichtssinn und die entsprechenden Körperreaktionen zu erfahren. Folglich gibt der Mitspieler an, wie stark das Erdbeben ist!

Materialbedarf:
Weichboden, 9 Turnmatten, 20 Gymnastikbälle.

Sicherheitshinweise:
Auf die Absicherung durch die kleinen Matten darf auf keinen Fall verzichtet werden.

Tipp:
Eine ganz besondere Art der Erfahrung ist das Überstehen eines Erdbebens mit geschlossenen Augen. Aber Vorsicht! Die Mitspieler/innen müssen hierbei besonders viel Rücksicht nehmen!

A 19 Erdbesteigung

Ort	Natur, Halle	Zeitaufwand	bis 10 Min.
Gruppengröße	beliebig	**Materialaufwand**	wenig
Zielgruppe	Kinder, Jugendliche, Erwachsene		

Beschreibung:
Diese nicht ungefährliche Übung muss ganz behutsam durchgeführt werden.
Hier wird der Gleichgewichtssinn in extremster Weise gefordert. Ein Teilnehmer hat die Aufgabe, einen Erdball zu besteigen. Hierbei genießt er alle Hilfen, die ihm die anderen Teilnehmer/innen geben können. Für den Anfang sollte die Besteigung des Erdballs in der Nähe eines Klettertaues erfolgen, damit sich der Erdballbergsteiger an diesem Tau festhalten kann. Die übrigen Teilnehmer/innen stehen um den Erdball herum und sichern ihn gegen Wegrollen. Ein weiterer Teil der Teilnehmer/innen steht bereit, um den eventuell herabfallenden Besteiger auffangen zu können.

Materialbedarf:
Erdball, Klettertau, kleine Matten.

Sicherheitshinweise:
Die Sturzbereiche um den Erdball herum müssen mit kleinen Matten abgesichert werden.

Tipp:
Ist das Vertrauen zur Gruppe gut entwickelt kann der Bergsteiger versuchen, den Erdball mit geschlossenen Augen zu besteigen. Da die Gruppe eine enorme Verantwortung übernimmt, sollte die Besteigung mit geschlossenen Augen nur nach ausreichender Übungszeit erfolgen. Der Übungsleiter, bzw. die Übungsleiterin müssen auf jeden Fall Hinweise zur Gefährlichkeit dieser Übung geben.

Merkblatt Sicherheit

Spiel Nr., Name

Variation

A 20 Familiensuche

Ort	Natur, Halle	Zeitaufwand	keiner
Gruppengröße	beliebig	Materialaufwand	keiner
Zielgruppe	Kinder, Jugendliche, Erwachsene		

Beschreibung:
Zunächst lernen sich die Familienmitglieder erst einmal kennen. Jede(r) sucht sich einen Partner oder eine Partnerin und versucht sich deren Gesicht, besondere Körpermerkmale oder auch die Art und Form der Haare einzuprägen. Doch dann geschieht es: durch ein kleines Erdbeben werden unsere Familien getrennt. Eine Hälfte der Familie kann sich auf eine kleine Insel retten (Weichbodenmatte). Die andere Hälfte wird "vom Winde verweht". Sie befindet ziemlich verteilt in der Sporthalle. Leider wurde diesen Teilnehmer/innen dabei so schwindelig, dass sie kurzfristig den Sehsinn verloren haben (Augenbinden). Die Aufgabe besteht nun darin, zuerst die Insel zu finden, um dann mit verschlossenen Augen seine(n) ehemalige/n Partner/in aus der Menge herauszuholen. Dabei darf natürlich kein Wort gesprochen werden. Eine nicht ganz einfache Aufgabe!

Materialbedarf:
Weichbodenmatte, Augenbinden.

Sicherheitshinweise:
Keine.

A 21 Fliegerprüfung

Ort	Natur, Halle	Zeitaufwand	keiner
Gruppengröße	beliebig	Materialaufwand	keiner
Zielgruppe	Kinder, Jugendliche, Erwachsene		

Beschreibung:
Alle Spieler/innen stehen vor einer Startlinie in einem Abstand von ca. 1m nebeneinander. Sie fassen sich an die Fußspitzen oder an die Schienbeine und drehen sich 3 × im Kreis herum. Auf ein Startsignal laufen sie so schnell wie möglich zu einer 15m entfernten Rettungsinsel (Weichbodenmatte).
Die Teilnehmer/innen werden schnell feststellen, dass die Fliegerprüfung enorme Anforderungen an das Gleichgewichtsgefühl stellt. Besonders schwierig wird die Fliegerprüfung, wenn sie im Nebel (Augenbinden) durchgeführt wird.

Materialbedarf:
Eine Weichbodenmatte.

Sicherheitshinweise:
Die Fliegerprüflinge dürfen beim Start nicht zu eng zusammenstehen, da es sonst leicht zu Kollisionen kommen kann.

Merkblatt für neue Spielideen

Name

Ort

Gruppengröße/Zielgruppe

Zeitaufwand/Materialaufwand

Beschreibung

Materialbedarf

Sicherheitshinweise

A 22 Fliesenfangen

Ort	Natur, Halle	Zeitaufwand	bis 10 Min.
Gruppengröße	beliebig	Materialaufwand	wenig
Zielgruppe	Kinder, Jugendliche, Erwachsene		

Beschreibung:
Jeder Spieler stellt sich mit den Füßen auf zwei Teppichfliesen. Die Seite mit dem Teppichbelag sollte dabei unten liegen, sonst kommt es leicht zu ungewollten Stoppeffekten, und man wird zum FliesenFlieger. Also, Teppich nach unten, unter jeden Fuß eine Fliese und schon kann's losgehen. Ein oder mehrere Fänger versuchen, möglichst viele Teilnehmer/innen zu berühren, die dann ebenfalls zu Fängern werden.
Bei diesem Spiel sind noch eine Menge von Variationen möglich, wie z.B.: ein Fuß auf einer Fliese, der andere dient zum Fortbewegen (Fliesenroller), mehrere Spieler stellen sich hintereinander oder nebeneinander auf, legen die Hände auf die Schultern des Vorder bzw. Nebenspielers und versuchen durch eine koordinierte Bewegung vorwärts zu kommen (Fliesende Gruppe). Der Phantasie sind hier keine Grenzen gesetzt.

Materialbedarf:
Teppichfliesen.

Sicherheitshinweise:
Keine.

Merkblatt für Spielvariation

Spiel Nr., Name

Variation

A 23 Fluri-Ball

Ort	Natur, Halle	Zeitaufwand	bis 10 Min.
Gruppengröße	beliebig	**Materialaufwand**	wenig
Zielgruppe	Kinder, Jugendliche, Erwachsene		

Beschreibung:

In einen Mini-Luftballon (Wasserbombe) wird ein normalen Luftballon hinein-gesteckt. Nun wird der innere Luftballon mit Wasser aufgefüllt und zugeknotet. Zum Schluss wird der äußere Luftballon bis zur normalen Größe aufgepus-tet und zugeknotet. Durch den schweren inneren Luftballon hat der Fluri-Ball einen wandernden Schwerpunkt, was bedeutet, dass seine Flugbahn nur äußerst schwer vorauszuberechnen ist. Selbst der geübteste Sportler wird erstaunt sein, wie viele Bälle er nicht fängt.

Zunächst sollten einige Gewöhnungsübungen an den Fluri-Ball durchgeführt werden: Fluri-Ball zwischen den Händen halten und den innerern Ballon hin und her hüpfen lassen, Fluri-Ball mit beiden Händen hochwerfen und wieder auffangen, Fluri-Ball von einer in die andere Hand werfen.

Danach können mit diesem Fluri-Ball die verschiedensten Staffelspiele durch-geführt werden. Da der innere Ballon beim Aufprall nicht platzt, jedenfalls solange er auf keinen scharfen Gegenstand trifft, können diese Spiele auch in geschlossenen Räumen ausgeführt werden. Sehr schön ist es im Sommer mit dem Fluri-Ball ein Volleyballspiel (Ball über die Schnur) durchzuführen.

Materialbedarf:

Für den Fluri-Ball sollten ausschließlich gute Luftballons benutzt werden, da billiges Material recht dünn ist und schnell platzen kann.

Sicherheitshinweise:

Keine.

Strichgraphik.

A 24 Förderband 3

Ort	Natur	Zeitaufwand	keiner
Gruppengröße	mittel bis groß	Materialaufwand	keiner
Zielgruppe	Kinder, Jugendliche, Erwachsene		

Beschreibung:
Die Spieler und Spielerinnen suchen sich jeweils einen Ast/Stock, von dem sie meinen, dass er stabil genug ist, um einen weiteren Mitspieler zu tragen. Die Stöcke sollten etwa einen Meter lang sein. Hat jeder Mitspieler einen passenden Stock gefunden, stellen sich die Mitspielerinnen in einer Gasse auf. Die gegenüber stehenden Mitspieler rechen sich gegenseitig die Enden der Stöcke, sodass immer zwei Mitspieler zwei Stöcke in der Hand haben. Das so gebaute Förderband wird nun von einem am Ende stehenden Mitspieler betreten. Er versucht, über alle Stöcke zu gehen, bis er das Ende des Förderbandes erreicht hat. Dabei kann sich der Spieler an den Köpfen der anderen festhalten. Sind jeweils zwei Spieler/innen am Ende des Förderbandes angekommen, nehmen sie wieder zwei Stöcke in die Hände. So bewegt sich das Förderband immer weiter.

Materialbedarf:
Äste/Stöcke

Sicherheitshinweise:
Keine.

123

A 25 Fuchs und Hase

Ort	Natur, Halle	Zeitaufwand	keiner
Gruppengröße	beliebig	Materialaufwand	keiner
Zielgruppe	Kinder, Jugendliche, Erwachsene		

Beschreibung:
Ein Spieler spielt den Hasen und ein weiterer den Fuchs. Die übrigen Spieler und Spielerinnen bilden einen Kreis und stehen dabei ca. einen halben Meter auseinander. Fuchs und Hase haben je eine Dose in der Hand. Die Dose des Hasen ist mit vielen kleinen Steinen, die des Fuchses mit weniger, aber größeren Steinen gefüllt. Das Geräusch beim Rappeln der Dosen muss sich deutlich unterscheiden.
Nun bekommen Hase und Fuchs die Augen verbunden und werden in den Kreis geführt. Sie befinden sich diagonal gegenüber. Der Fuchs hat nun die Aufgabe, den Hasen zu fangen, darf dabei aber nicht reden (ebensowenig wie der Hase). Der Fuchs macht mit seiner Dose ein Geräusch, worauf der Hase mit dem Geräusch seiner Dose antwortet. Der Fuchs kann sich an dem Geräusch des Hasen, der Hase an dem des Fuchses orientieren. Und los geht die Jagd. Die übrigen Teilnehmer/innen dürfen keinerlei Hilfen geben. Wenn der Fuchs den Hasen berührt hat, werden Fuchs und Hase gewechselt.

Materialbedarf:
Zwei Dosen, die unterschiedliche Geräusche machen.

Sicherheitshinweise:
Keine.

Merkblatt für Spielvariation

Spiel Nr., Name

Variation

A 26 Gordischer Knoten

Ort	Natur, Halle	Zeitaufwand	keiner
Gruppengröße	mittel bis groß	Materialaufwand	keiner
Zielgruppe	Kinder, Jugendliche, Erwachsene		

Beschreibung:

Man erkennt sofort Macher, Macherinnen und Denker, Denkerinnen, je nachdem wie sie versuchen, den Knoten zu lösen. Die Mitspielenden finden sich auf ein Signal hin in der Hallenmitte zusammen, schließen die Augen und geben sich die Hände. Dabei darf man nie einem Nachbarn die Hand oder einer Mitspielerin beide Hände geben. Sind die Hände gefunden, können die Teilnehmer/innen versuchen, den Knoten zu entwirren allerdings ohne dabei die Hände loszulassen.

Bei diesem Spiel kann man gut verfolgen, wie Entscheidungsprozesse in einer Gruppe ablaufen, wer aktiv ist und wer sich aus Entscheidungsprozessen zurückzieht. Es lohnt sich, auch mal über das Abgelaufene zu sprechen.

Materialbedarf:
Keine.

Sicherheitshinweise:
Keine.

Merkblatt Sicherheit

Spiel Nr., Name

Variation

A 27 Greif 1

Ort	Natur, Halle	Zeitaufwand	keiner
Gruppengröße	beliebig	Materialaufwand	wenig
Zielgruppe	Kinder, Jugendliche, Erwachsene		

Beschreibung:
Versuchen wir einmal, all unsere motorischen Möglichkeiten zu nutzen.
Die Teilnehmer und Teilnehmerinnen sitzen im Kreis nebeneinander. Die Füße
zeigen in die Kreismitte. Nun gilt es, ein Tuch von einem Mitspieler zum anderen zu befördern. Und zwar nur unter zu Hilfenahme unserer Füße. Zuerst
ist die Sache ganz einfach: mit beiden Füßen wird das Tuch aufgenommen und
zum Partner weitergereicht. Aber schaffen wir es, das Tuch weiterzureichen,
ohne dass es den Boden berührt? Eine schon schwierigere Angelegenheit.

Materialbedarf:
Tücher

Sicherheitshinweise:
Keine.

Merkblatt für neue Spielideen

Name

Ort

Gruppengröße/Zielgruppe

Zeitaufwand/Materialaufwand

Beschreibung

Materialbedarf

Sicherheitshinweise

A 28 Greif 2

Ort	Natur, Halle	Zeitaufwand	keiner
Gruppengröße	beliebig	Materialaufwand	wenig
Zielgruppe	Kinder, Jugendliche, Erwachsene		

Beschreibung:
Nutzen wir noch mehr motorische Möglichkeiten unseres Körpers. Die Teilnehmerinnen und Teilnehmer sitzen immer noch im Kreis, jetzt aber ohne Schuhe und Strümpfe. Nun soll versucht werden, das Tuch mit einem Fuß zu ergreifen und es an den Nachbarn weiterzugeben. Damit die Sache für die Teilnehmenden etwas interessanter wird und nicht so viele Wartezeiten entstehen, kann jeder Zweite im Sitzkreis ein Tuch bekommen. Nun versuchen alle mit Tuch es nach rechts zum Partner ohne Tuch weiterzugeben.

Materialbedarf:
Tücher

Sicherheitshinweise:
Keine.

Merkblatt für Spielvariation

Spiel Nr., Name

Variation

A 29 Greif 3

Ort	Natur, Halle	Zeitaufwand	keiner
Gruppengröße	beliebig	Materialaufwand	wenig
Zielgruppe	Kinder, Jugendliche, Erwachsene		

Beschreibung:
Die Gruppe bildet einen einen Innenstirnkries. Die Nachbarn stehen armweit auseinander wobei jeder einen Gymnasikstab in der rechten Hand hält. Auf das Kommando des Leiters (der sich mit im Kreis befindet) schwingen alle gemeinsam mit dem Körper, den Armen und dem Gymnasikstab rhythmisch auf und ab. Eins – zwei und **rechts**. Bei **rechts** wird der Gymnasikstab aus unseren rechten Hand zur linken Hand unseres rechten Nachbarn geworfen. Dieser fängt den Gymnasikstab mit seiner linken Hand auf. Da er ja auch bei drei seinen Gymnasikstab an seinen rechten Nachbarn weitergereicht hat, kann er sich ganz leicht auf das Fangen des Gymnasikstabes konzentrieren. Hört sich einfach an …

Klappt das einfache Werfen auf das Kommando eins-zwei-**rechts**, können mehrere Kommandos hintereinander geben werden, wie etwa Eins-zwei-**rechts**-Eins-zwei-**rechts**-Eins-zwei-**links** – und schon wird's schwierig. Bei **rechts** muss der Gymnasitkstab nach rechts, bei **links** nach links geworfen werden. Die Gruppe ist "gut grauf", wenn drei Kommandos ohne Zwischenfall hintereinander klappen.

Soll das Element mit Kindern unter 10 Jahren durchgeführt werden, müssen anstatt der Gymnasikstäbe Gymnasikbälle genommen werden.

Materialbedarf:
Gymnasitkstäbe, evtl. Gymnasikbälle

Sicherheitshinweise:
Keine.

Merkblatt Sicherheit

Spiel Nr., Name

Variation

A 30 Insellauf

Ort	Halle	Zeitaufwand	bis 10 Min.
Gruppengröße	mittel bis groß	Materialaufwand	wenig
Zielgruppe	Kinder, Jugendliche, Erwachsene		

Beschreibung:
Atlantis ist untergegangen. Aber wir haben es noch einmal geschafft. Wir konnten uns auf zwei Inseln retten (Weichböden). Die einzige Möglichkeit auf das Festland zu kommen, besteht darin, die zwei Inseln abwechselnd zu benutzen. Wie kommt die Gruppe von einer Hallenseite zur anderen, ohne dabei den Hallenboden zu berühren?
Eine Aufgabe bei der Gruppenlösungen gefragt sind.

Materialbedarf:
Zwei Weichböden.

Sicherheitshinweise:
Keine.

A 31 Inselrettung

Ort	Halle	Zeitaufwand	10 bis 20 Min.
Gruppengröße	mittel bis groß	Materialaufwand	erhöht
Zielgruppe	Kinder, Jugendliche, Erwachsene		

Beschreibung:

Alle Mitspieler und Mitspielerinnen sitzen auf dem Hallenboden; steigen in ihre Flugzeuge ein; lassen die Motoren an und fliegen los. Um Kreativität und Improvisationsvermögen der Teilnehmer/innen anzusprechen, sollte der Übungsleiter darauf achten, dass die Teilnehmer/innen das Einsteigen, Anlassen und Losfliegen spielen. Man muss sehen, wie der Zündschlüssel herumgedreht wird und hören, wie sich der Motor dreht. Und immer daran denken: Flugzeuge haben Flügel (ausgebreitete Arme). Dann fliegen die Flugzeuge kreuz und quer durch die Halle. Leider stellen die Piloten/innen nach kurzer Flugzeit fest, dass unser Mechaniker vergessen hat aufzutanken. Wir müssen also notlanden. Doch wo? Der Hallenboden ist ein riesiger Ozean. Wir entdecken gerade noch rechtzeitig verschiedene kleinere Inseln: Eine Weichbodenmatte, einen Kasten, zwei kleine Kästen, eine Turnbank, ein Pferd, kleine Matten. Auf Signal des Lotsen (Übungsleiter) müssen die Flieger/innen auf den Inseln notlanden. Innerhalb von 30 Sekunden müssen alle eine rettende Insel erreicht haben, denn das Wasser ist voller Haie. Gerade sicher gelandet überrascht die Piloten/innen ein riesiges Erdbeben und verschlingt nach und nach die Inseln. Also, wieder starten, herumfliegen und auf ein Zeichen auf den übriggebliebenen Inseln notlanden. Der Lotse gibt bekannt, welche Inseln für eine erneute Notlandung noch zur Verfügung stehen. Schließlich ist nur noch eine Insel übrig, auf der alle Flieger/innen notlanden müssen. Innerhalb von zwei Minuten müssen alle gerettet sein.

Kennt der Übungsleiter die Gruppe noch nicht so gut, oder weiß er um einige Ängste der Teilnehmer/innen, sollte er am Anfang verschiedene Fluggeräte vorgeben: Motorflugzeuge (für diejenigen die keine Hemmungen haben), Segelflugzeuge (hier wird auf das Motorengeräusch verzichtet) oder Heißluftballons (keine Geräusche, keine ausgebreiteten Arme). Jeder Teilnehmer sollte die Möglichkeit haben, ein ihm zusagendes Fluggerät zu wählen.

Bei diesem Spiel werden, je weniger Inseln zur Notlandung zur Verfügung stehen, Gruppenlösungen gefordert. Der Übungsleiter erkennt sehr schnell die Rücksichtslosen, die Macher und Macherinnen und die Denker und Denkerinnen. Es lohnt sich, auch mal über die Erfahrungen zu sprechen.

Materialbedarf:

Eine Weichbodenmatte, ein Kasten, zwei kleine Kästen, eine Turnbank, ein Pferd, Turnmatten, Sprossenwand.

Sicherheitshinweise:
Keine.

A 32 Mattenhaus

Ort	Halle	Zeitaufwand	keiner
Gruppengröße	beliebig	**Materialaufwand**	wenig
Zielgruppe	Kinder, Jugendliche, Erwachsene		

Beschreibung:

Es ist Nacht geworden. Da es kühl und regnerisch ist, suchen wir einen Unterschlupf. Leider finden wir keinen fertigen Unterschlupf, so dass wir einen bauen müssen. Alles, was uns zur Verfügung steht, sind kleine Matten und Weichböden. Die Aufgabe besteht nun darin, aus allen zur Verfügung stehenden Matten ein Mattenhaus zu erstellen. Eine Konstruktionsmöglichkeit ist die eines Kartenhauses. Doch welche gibt es noch? Aber immer daran denken: es ist Nacht und wir sehen nichts (Augenbinden)!

Beim Bau können folgende Fragen beachtet werden:

– Wieviel Stockwerke umfasst das höchste Haus?
– Welches Haus bietet am meisten Grundfläche?
– Welches Haus hält einem Angriff mit Gymnastikbällen stand?

Je nach Gruppengröße können verschiedene Gruppen gleichzeitig bauen. Die Matten und sonstigen Hilfsmittel (Seile) sollten vor Beginn in die Hallenmitte gelegt werden. Da ohne Absprachen innerhalb der Gruppe kein Bau möglich ist, sollte der Übungsleiter, bzw. die Übungsleiterin auf die Entscheidungsprozesse in der Gruppe achten und diese auch hinterher ansprechen.

Materialbedarf:

Kleine Matten, Weichböden, Gymnastikbälle, Seile.

Sicherheitshinweise:

Keine.

Neue Spielideen?

Haben Sie neue Spieliedeen?
Haben Sie Anmerkungen zu
bestehenden Spielen?

Schreiben Sie an den Autor:

Dr. Jörg Böhnke
Alte Heerstraße 27a
58119 Hagen
Fax: 0 23 34 – 5 77 37

Homepage

Besuchen Sie die Homepage des
Abenteuer- und Erlebnissports
im Internet:

`http://www.abenteuer-erlebnissport.de`

A 33 Mattenrutschen

Ort	Natur, Halle	Zeitaufwand	keiner
Gruppengröße	beliebig	Materialaufwand	wenig
Zielgruppe	Jugendliche, Erwachsene		

Beschreibung:
Mit wenig Aufwand wird die Sporthalle zum Motodrom. Die Weichbodenmatten sind unsere "heißen Schlitten" und werden mit der glatten Seite nach unten auf den Hallenboden gelegt. Alle Matten befinden sich auf gleicher Höhe, in Längsrichtung ausgerichtet auf einer Hallenseite. Abstand von der Wand ca. 4m. Vier Teilnehmer/innen bilden jeweils eine Gruppe. Sie stehen 4m hinter den Matten, laufen gemeinsam an, springen ab, landen bäuchlings auf der Matte und rutschen so mit der Matte vorwärts. Ist die Matte ausgerutscht, absteigen, neuen Anlauf nehmen und wieder gleichzeitig abspringen. Wer zuerst eine Ziellinie auf der gegenüberliegenden Hallenseite erreicht, ist Sieger des Rennens. Bei diesem Element kommt es extrem auf Zusammenarbeit an.

Materialbedarf:
Weichbodenmatten

Sicherheitshinweise:
Da die Teilnehmer/innen auf der rauhen Seite der Matte landen, sollten sie lange Hosen und langärmlige Trainingspullover anhaben, sonst gibt es leicht Schürfwunden. Bei der Karambolage muss unbedingt darauf geachtet werden, dass das vordere Drittel der Matte frei bleibt. Das richtige Springen und Landen muss also vorher ohne "Gegner" geübt werden.

Merkblatt für neue Spielideen

Name

Ort

Gruppengröße/Zielgruppe

Zeitaufwand/Materialaufwand

Beschreibung

Materialbedarf

Sicherheitshinweise

A 34 Mattenwenden

Ort	Halle	Zeitaufwand	keiner
Gruppengröße	beliebig	**Materialaufwand**	wenig
Zielgruppe	Kinder, Jugendliche, Erwachsene		

Beschreibung:

Zwischen zwei herausgeklappte Sprossenwände wird ein kleine Matte gelegt. Durch die Handschlaufen der Matte werden zwei Schlauchbänder gezogen, wobei sie nicht an den Handschlaufen verknotet werden sollten. Vier Teilnehmer/innen klettern auf die Sprossenwände und nehmen je ein Ende der Schlauchbänder in die Hand.

Die Aufgabe besteht darin, zunächst die Matte zu wenden, ohne dass Matte oder Teilnehmer/innen den Boden berühren. Bei der zweiten Aufgabe sollen die Teilnehmer/innen versuchen, möglichst verschiedene Bälle von der Matte in ein umgedrehtes Kastenoberteil zu befördern.

Materialbedarf:

Zwei Sprossenwände, zwei Schlauchbänder, eine kleine Matte, ein Kastenoberteil, verschiedene Bälle.

Sicherheitshinweise:
Keine.

A 35 Medizinballgehen

Ort	Natur, Halle	Zeitaufwand	keiner
Gruppengröße	beliebig	Materialaufwand	wenig
Zielgruppe	Kinder, Jugendliche, Erwachsene		

Beschreibung:
Bei diesem Spiel kommt es darauf an, zusammenzuarbeiten und sich gegenseitig zu helfen.
Zwei Teilnehmer/innen stellen sich auf je einen Medizinball und geben sich die Hand. An den äußeren Armen werden sie von zwei weiteren Mitspielern/innen unterstützt. Aufgabe ist es nun, eine bestimmte Strecke zu überwinden, ohne den Boden zu berühren. Schwieriger wird es, wenn einige Hindernisse, wie. z.B. eine kleine Matte, Schrägen oder ähnliches zu überwinden sind. Ganz besonders schwierig wird es zu zweit auf einem Medizinball.

Materialbedarf:
Medizinbälle.

Sicherheitshinweise:
Keine.

A 36 Partner/innenfußball

Ort	Natur, Halle	Zeitaufwand	keiner
Gruppengröße	mittel bis groß	Materialaufwand	wenig
Zielgruppe	Kinder, Jugendliche, Erwachsene		

Beschreibung:
Fußball mal anders! Auf das Kommando "Zwilling" finden sich zwei Teilnehmer/innen zusammen. Sie sind mit einem Springseilchen verbunden, d.h. sie halten das Springseilchen in den Händen (nicht anbinden!). Zwei quer gestellte Weichbodenmatten bilden die Tore und ein Luftballon wird zum Fußball. Gespielt wird ohne TorZwillingspaar und nur mit den Füßen. Wird ein Paar getrennt, bekommt die andere Mannschaft einen Freischuss aus 2m Entfernung auf das Tor (schwierig genug!). Sind die Spieler und Spielerinnen geübt, können mehrere Luftballons oder auch andere Bälle ins Spiel gebracht werden. Ein mit einem Luftballon erzieltes Tor zählt 5fach, Tischtennisball 4fach, Medizinball 3fach, Tennisball einfach. Es sollten keine Fuß, Volley- oder Gymnastikbälle verwendet werden.

Materialbedarf:
Zwei Weichböden, Springseilchen, verschiedene Bälle.

Sicherheitshinweise:
Die Zwillinge dürfen nicht aneinandergebunden werden, da bei einem Sturz eine große Verletzungsgefahr besteht.

Tipp:
Eine besondere Variante ist ein "Partner/innenFluriBallSpiel". Hierbei wird der FluriBall nicht mit den Füßen geschossen, sondern mit den Händen gefangen. Dies wird ganz besonders schwierig, wenn die Zwillingspaare nur die nicht verbundenen Hände zum Fangen benutzen dürfen.

Merkblatt Sicherheit

Spiel Nr., Name

Variation

A 37 Perlentauchen

Ort	Natur, Halle	Zeitaufwand	keiner
Gruppengröße	beliebig	Materialaufwand	wenig
Zielgruppe	Kinder, Jugendliche, Erwachsene		

Beschreibung:

Die Teilnehmer/innen haben die Aufgabe, einen lange verschollenen Perlen-schatz (Glasperlen) vom Meeresgrund zu bergen. Das Meer ist an dieser Stelle tief und dunkel. Gefahren von Haien sind nicht zu erwarten.

Die Teilnehmer/innen stehen sich an zwei Ecken einer Weichbodenmatte dia-gonal gegenüber. Auf das Kommando "untertauchen" tauchen sie unter die Weichbodenmatte und versuchen, die unter der Mitte liegenden Perlen zu fin-den.

Materialbedarf:

Eine Weichbodenmatte.

Sicherheitshinweise:

Keine.

Tipp:

Die glatte Seite der Weichbodenmatte sollte nach unten zeigen. Dann funk-tioniert das Tauchen "reibungsloser".

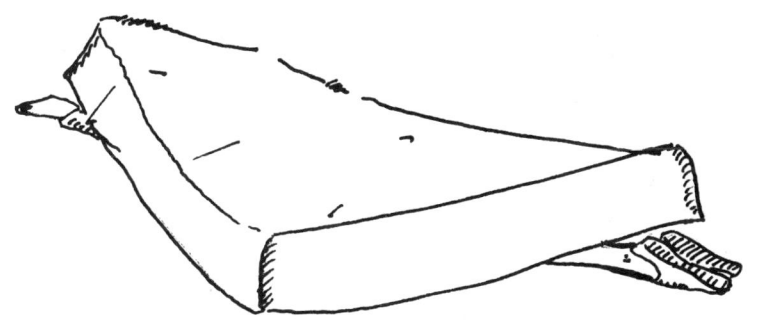

A 38 Platztausch

Ort	Natur, Halle	Zeitaufwand	bis 10 Min.
Gruppengröße	mittel bis groß	**Materialaufwand**	erhöht
Zielgruppe	Kinder, Jugendliche, Erwachsene		

Beschreibung:
Zwischen zwei Reckpfosten werden zwei Reckstangen in ca. 1,5m Abstand voneinander befestigt. Auf jeder Seite des Recks steht ein Teilnehmer, bzw. eine Teilnehmerin. Die Aufgabe besteht nun darin, die Plätze zu tauschen. Damit es nicht allzu einfach wird, können verschiedene Vorgaben gemacht werden: Die Reckstangen dürfen nur mit einer Hand und beiden Füßen berührt werden oder nur mit einer Hand und einem Fuß. Ganz schwierig wird es, wenn verschiedene Bälle transportiert werden sollen.

Materialbedarf:
Zwei Reckpfosten, zwei Reckstangen, Turnmatten, evtl. verschiedene Bälle.

Sicherheitshinweise:
Die Sturzbereiche sind mit Matten abzusichern.

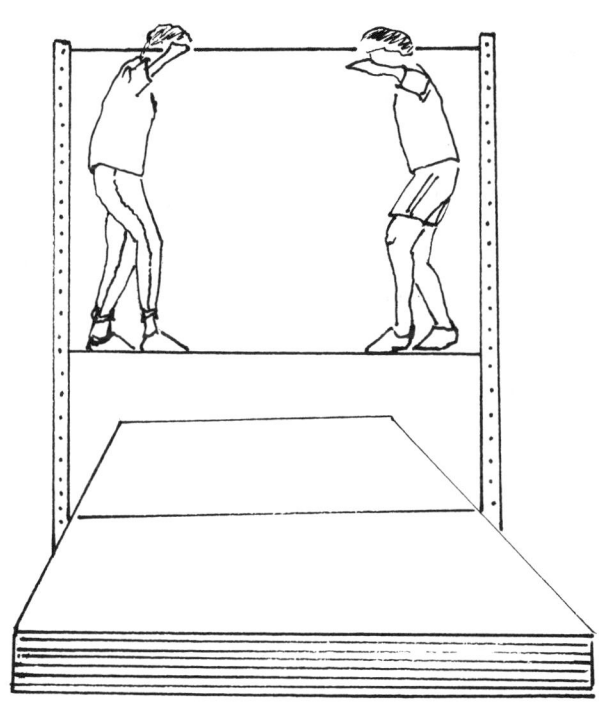

A 39 Quadrat

Ort	Natur, Halle	Zeitaufwand	keiner
Gruppengröße	beliebig	Materialaufwand	wenig
Zielgruppe	Kinder, Jugendliche, Erwachsene		

Beschreibung:

Wir sind auf dem Quadratplaneten notgelandet. Die Nacht bricht langsam herrein. Wir müssen und beeilen und auf dem Planeten einen sicheren Unterschlupf errichten. Da wir auf dem Quadratplaneten sind, darf der sichere Unterschlupf nur ein Quadrat sein. Leider ist es schon dunkel geworden (Augenbinden). Die Schutzsuchenden sollen nun mit einem Seil (je nach Gruppengröße unterschiedlich lang) auf dem Boden ein Quadrat legen und darin Platz nehmen. Aber Vorsicht: Wenn es nicht annähernd ein Quadrat ist, kommen die Quadratianer und ...

Materialbedarf:

Seil, Augenbinden

Sicherheitshinweise:

keine

Merkblatt für Spielvariation

Spiel Nr., Name

Variation

A 40 Roboter

Ort	Natur, Halle	Zeitaufwand	keiner
Gruppengröße	beliebig	**Materialaufwand**	keiner
Zielgruppe	Kinder, Jugendliche, Erwachsene		

Beschreibung:
Die Teilnehmer und Teilnehmerinnen bilden zunächst Paare (später 3er Gruppen). Ein Teilnehmer der Gruppe ist das Elektronengehirn, ein anderer der Roboter. Roboter haben die Eigenschaft, nicht selbständig denken zu können und nur Befehle vom Elektronengehirn entgegenzunehmen und auszuführen. Das Elektronengehirn gibt dem Roboter die entsprechenden Befehle zur Fortbewegung: vorwärts, rückwärts, Stop, links oder rechts. Die Befehle werden durch Berührungen übermittelt. Tippen auf die rechte Schulter = nach rechts, tippen auf den Kopf = STOP usw. Die Signale müssen natürlich vorher abgesprochen werden, denn das Elektronengehirn kann während der Steuerung nicht mit den Robotern reden! Der Roboter geht so lange, bis er vom Elektronengehirn ein neues Signal erhält. Ziel des Spiels ist es, den Roboter sicher und ohne Zusammenstoß durch die Halle zu manövrieren. Eine sehr schwierige Angelegenheit, wenn die Roboter nicht sehen können (Augenbinden). Noch schwieriger wird es, wenn Hindernisse im Weg liegen, u.a. Matten, Bälle, Taue. Wird ein Roboter sicher geführt, kann das Elektronengehirn versuchen, zwei Roboter zu steuern. Doch Vorsicht, es ist nicht so einfach, wie es sich anhört.

Materialbedarf:
je nach Geschmack

Sicherheitshinweise:
Gerade bei diesem Spiel zeigt sich sehr schnell, wie verantwortungsbewusst die einzelnen Spieler miteinander umgehen. Daher sollte der Übungsleiter, bzw. die Übungsleiterin auf jeden Fall die besondere Verantwortung der Elektronengehirne vor Beginn des Spiels deutlich machen und auch bei zu ungestümem Vorgehen in das Spielgeschehen eingreifen.

A 41 Rollbank

Ort	Halle	Zeitaufwand	keiner
Gruppengröße	beliebig	**Materialaufwand**	wenig
Zielgruppe	Kinder, Jugendliche, Erwachsene		

Beschreibung:
Eine Turnbank wird mit der Sitzfläche nach unten auf vier Gymnastikstäbe gelegt.
Die Aufgabe besteht darin, die Turnbank zu überqueren, ohne dabei das Gleichgewicht zu verlieren. Folgende Varianten können ausprobiert werden:

1. Überqueren auf der Unterseite der Sitzfläche
2. Wie 1, jedoch startet eine Person von links, eine andere von rechts
3. Überqueren auf dem schmalen Balken
4. Wie 3, wieder ein Spieler von links, ein anderer von rechts. Da die Turnbank eine schwankende Brücke über eine große Schlucht ist, sich in dieser Schlucht ein Fluss voller Piranhas befindet, sollen die Abenteurer nicht herunterfallen!
5. Wie 4, jedoch sollen die Abenteurer Material über die Schlucht transportieren (Bälle, Kastenteile o.ä.).

Materialbedarf:
Eine Turnbank, vier Gymnastikstäbe, Bälle und/oder Kastenteile

Sicherheitshinweise:
Zur Sicherung sollte auf jeder Seite eine Sicherungsperson mitgehen.

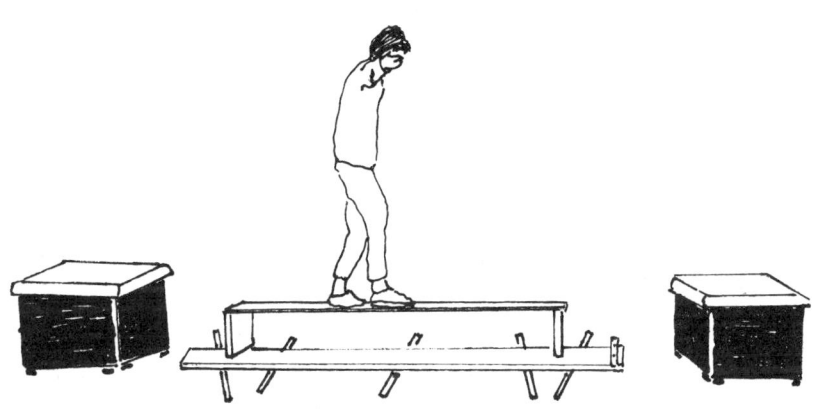

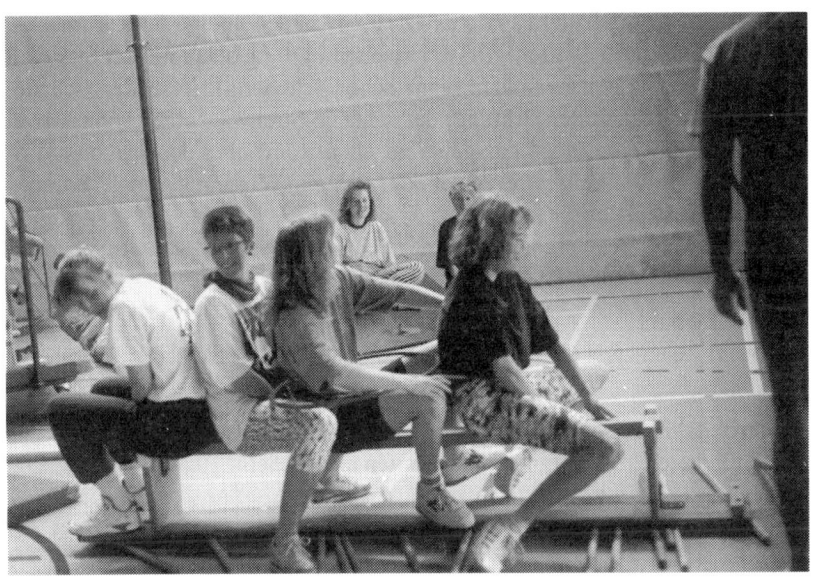

A 42 Römisches Wagenrennen

Ort	Natur, Halle	Zeitaufwand	keiner
Gruppengröße	beliebig	Materialaufwand	wenig
Zielgruppe	Jugendliche, Erwachsene		

Beschreibung:

Im Römischen Streitwagen über Stock und Stein. Alljährlich testet die römische Streitwagenfahrer-Elite ihr Können.

Unser Streitwagen besteht aus zwei Spielern/innen (den Pferden), die zwei Gymnastikstäbe (in der Natur Äste) festhalten. Auf den Gymnastikstäben steht der Streitwagenfahrer, der, geschickt wie er ist, sich nicht festzuhalten braucht. Die Gymnastikstäbe dürfen von den Pferden nicht an deren Enden festgehalten werden, da sie sonst brechen können. Abstand zwischen den Händen ca. 30 cm (siehe Zeichnung).

In einer ersten Prüfung hat der Streitwagenfahrer die Aufgabe, mit seinem Streitwagen einen Hindernisparcours zu überwinden (quergestellte Turnbank, Weichboden, Kastenoberteil). Bei der zweiten Prüfung bekommt der Streitwagenfahrer die Augen verbunden (ganz schön schwierig). Besonders schwierig wird's bei der dritten Prüfung: der sehende Streitwagenfahrer muss zwei schneeblinde Pferde (auch das gab's im alten Rom) über den Parcours dirigieren. Hierbei kommt es besonders auf das gute Zusammenspiel/Vertrauen zwischen den Spielern/innen an.

Durch die Wahl des Parcours kann der Schwierigkeitsgrad der Gruppe angepasst werden.

Materialbedarf:

Pro Streitwagen zwei Gymnastikstäbe, Augenbinden, verschiedene Geräte für den Parcours.

Sicherheitshinweise:

Alle Sturzbereiche sind mit kleinen Matten abzusichern.

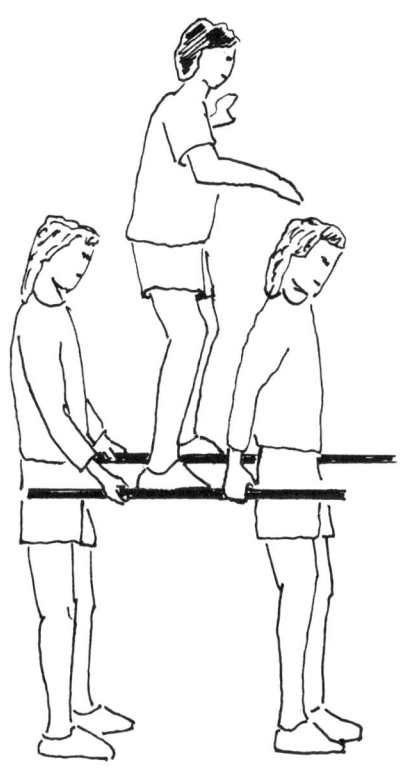

A 43 Sanitäter

Ort	Halle	Zeitaufwand	keiner
Gruppengröße	beliebig	Materialaufwand	wenig
Zielgruppe	Kinder, Jugendliche, Erwachsene		

Beschreibung:

Völkerball einmal anders. Zwei Mannschaften stehen sich wie bei einem normalen Völkerballspiel gegenüber, wobei einige neue Regeln gelten:

– es darf nur mit einem Soft-Ball geworfen werden
– die Heimzone heiß Sanitätszone
– anstelle des Königs gibt es einen Sanitäter
– wird ein Spieler getroffen fällt er zu Boden und ruft laut: **Sanitäter!**
– der Sanitäter läuft dann zu dem Getroffenen und zieht ihn aus dem Spielfeld. Ist der Getroffene vom Sanitäter in die Sanitätszone gerettet worden, darf er wieder in das Spiel zurück
– der Sanitäter hat drei Bonus-Punkte, d.h. er kann dreimal getroffen werden. Wird er zum dritten Mal getroffen endet das Spiel.

Materialbedarf:
Soft-Ball, Turnbänke

Sicherheitshinweise:
keine

Merkblatt für neue Spielideen

Name
Ort
Gruppengröße/Zielgruppe
Zeitaufwand/Materialaufwand
Beschreibung
Materialbedarf
Sicherheitshinweise

A 44 Schaukelsammler

Ort	Halle	Zeitaufwand	bis 10 Min.
Gruppengröße	beliebig	**Materialaufwand**	wenig
Zielgruppe	Kinder, Jugendliche, Erwachsene		

Beschreibung:
Der Schaukelsammler sitzt in heruntergelassenen Ringen in ca. einem Meter über dem Hallenboden. Um diese Schaukel herum (Kreis) sitzen 6 Sammler im Abstand von 1,5 bis 2 Metern auf Kastenoberteilen. In diesem Kreis befinden sich verschiedene Gegenstände: Keulen, Gymnastikbälle, Volleybälle und Parteibänder. Der Schaukelsammler wird von den anderen Sammlern angestoßen und soll in einer Pendelbewegung die Gegenstände aufsammeln und an die Sammler verteilen. Dabei dürfen die Sammler dem Schaukelsammler ständig neuen Schwung geben.

Materialbedarf:
Ringe, sechs Kastenoberteile, verschiedene Bälle, Parteibänder.

Sicherheitshinweise:
Keine.

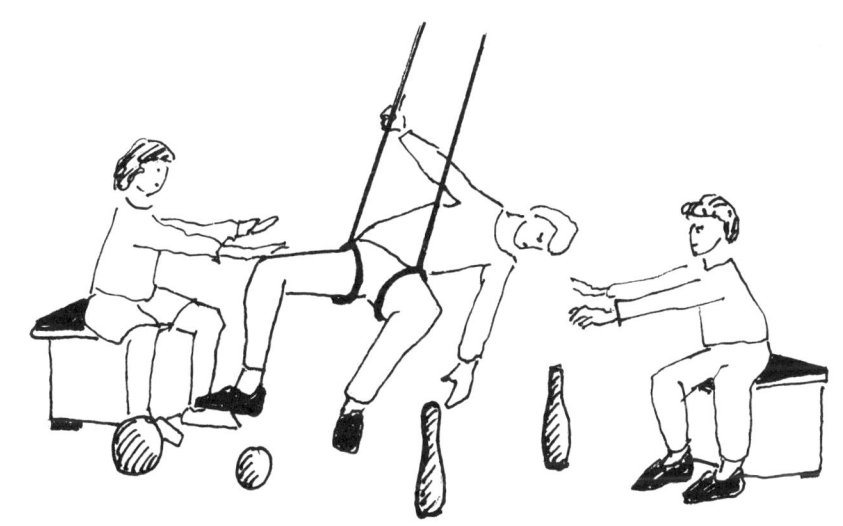

A 45 Schräger Hang

Ort	Halle	Zeitaufwand	bis 10 Min.
Gruppengröße	beliebig	Materialaufwand	wenig
Zielgruppe	Kinder, Jugendliche, Erwachsene		

Beschreibung:
In eine Sprossenwand werden zwei Turnbänke eingehängt, auf die eine Weichbodenmatte gelegt und mit Reepschnüren befestigt wird (Reepschnüre nicht durch die Handschlaufen ziehen!). Vor diese Konstruktion wird eine weitere Weichbodenmatte gelegt. Die Teilnehmer/innen haben nun die Aufgabe, die Schräge zu erkunden: gehen, laufen, auf allen Vieren, vorwärts, rückwärts. Wie steil kann die Schräge sein? Haben alle Teilnehmer die Schräge erklettert, werden die Turnbänke entfernt und die Schräge wird zur senkrechten Wand. Die Teilnehmer/innen nehmen paarweise ausreichend Anlauf und versuchen, die Steilwand hochzulaufen. Doch Vorsicht: die Matte ist nicht festgebunden und kippt mitsamt den Teilnehmer/innen nach hinten um (ein schönes Gefühl!). Welches Paar schafft es, die Steilwand zu erklimmen?

Materialbedarf:
Zwei Turnbänke, zwei Weichböden, kleine Matten, Reepschnüre.

Sicherheitshinweise:
Die Sturzbereiche neben und vor den Weichböden müssen mit kleinen Matten abgesichert werden.

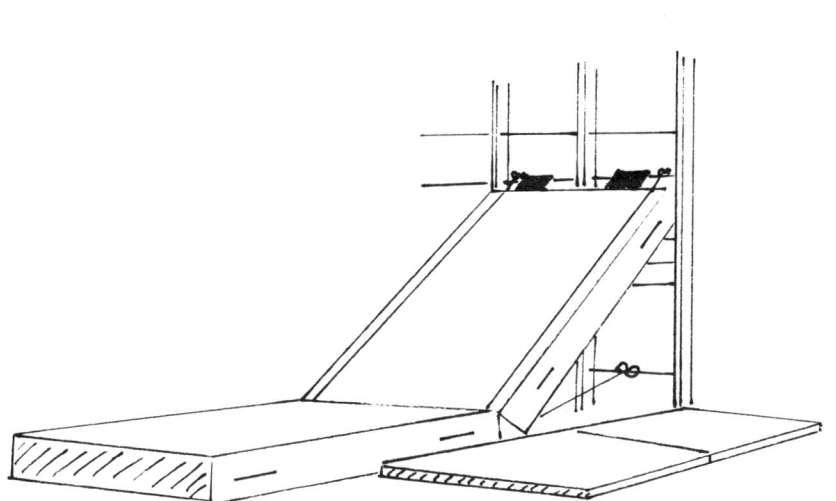

A 46 Schwanzfangen

Ort	Natur, Halle	Zeitaufwand	keiner
Gruppengröße	beliebig	Materialaufwand	wenig
Zielgruppe	Kinder, Jugendliche, Erwachsene		

Beschreibung:

Ein nettes Spiel zum Aufwärmen: jeder Teilnehmer steckt sich ein vierfach zusammengelegtes Springseilchen hinten in den Hosenbund. 2/3 des Seils müssen noch sichtbar sein und dürfen nicht durch ein T-Shirt verdeckt werden. Die Teilnehmer/innen versuchen, sich gegenseitig die Schwänze abzujagen. Wer keinen Schwanz mehr hat, darf sich an der Seite ausruhen. Sind nur noch wenige Teilnehmer/innen übrig, bilden die restlichen Teilnehmer/innen einen großen Kreis, den sie immer weiter verkleinern.

Eine schöne Variante des "Schwanzfangens" ist es, wenn keine Schwänze in den Hosenbund, sondern Luftballons unter den Trainingspullover oder das T-Shirt gesteckt werden. Aufgabe ist es nun, die Luftballons bei den Mitspielern/innen zu zerplatzen und den eigenen so lange wie möglich zu schützen.

Materialbedarf:

Springseilchen, evtl. Luftballons.

Sicherheitshinweise:

Keine.

Merkblatt für Spielvariation

Spiel Nr., Name

Variation

A 47 Sensi 1

Ort	Natur, Halle	Zeitaufwand	keiner
Gruppengröße	beliebig	Materialaufwand	wenig
Zielgruppe	Kinder, Jugendliche, Erwachsene		

Beschreibung:

Hierbei kommt es auf das "Feingefühl" der Teilnehmer und Teilnehmerinnen an. Jeder Sportler und jede Sportlerin geht ständig mit Sportgeräten um. Doch wie fühlen sich diese Sportgeräte an? Welche Eigenschaften hat das Material? Ist es glatt, rauh, weich oder hart? Wir machen die Probe aufs Exempel. Die Teilnehmer und Teilnehmerinnen finden sich zu zweit zusammen. Einer verbindet dem anderen die Augen. Aufgabe ist es nun, ausschließlich mit der Fingerspitze verschiedene Bälle zu erkennen. Dabei dürfen die Teilnehmer nur ca. 1cm^2 der Balloberfläche berühren. Diese Fläche können Ventile, Nähte oder aber auch, was sehr schwierig ist, die eigentliche Hauptfläche der Bälle sein. Der jeweils sehende Partner führt den Zeigefinger des bzw. der Ratenden auf die zu ertastende Fläche. Wieviele Bälle erkennen die Teilnehmer?

Materialbedarf:

Verschiedene Bälle: Gymnastikball, Volleyball, Hallenfussball, Tischtennisball, Tennisball, Medizinball, Lederfussball, Basketball, Handball.

Sicherheitshinweise:

Keine.

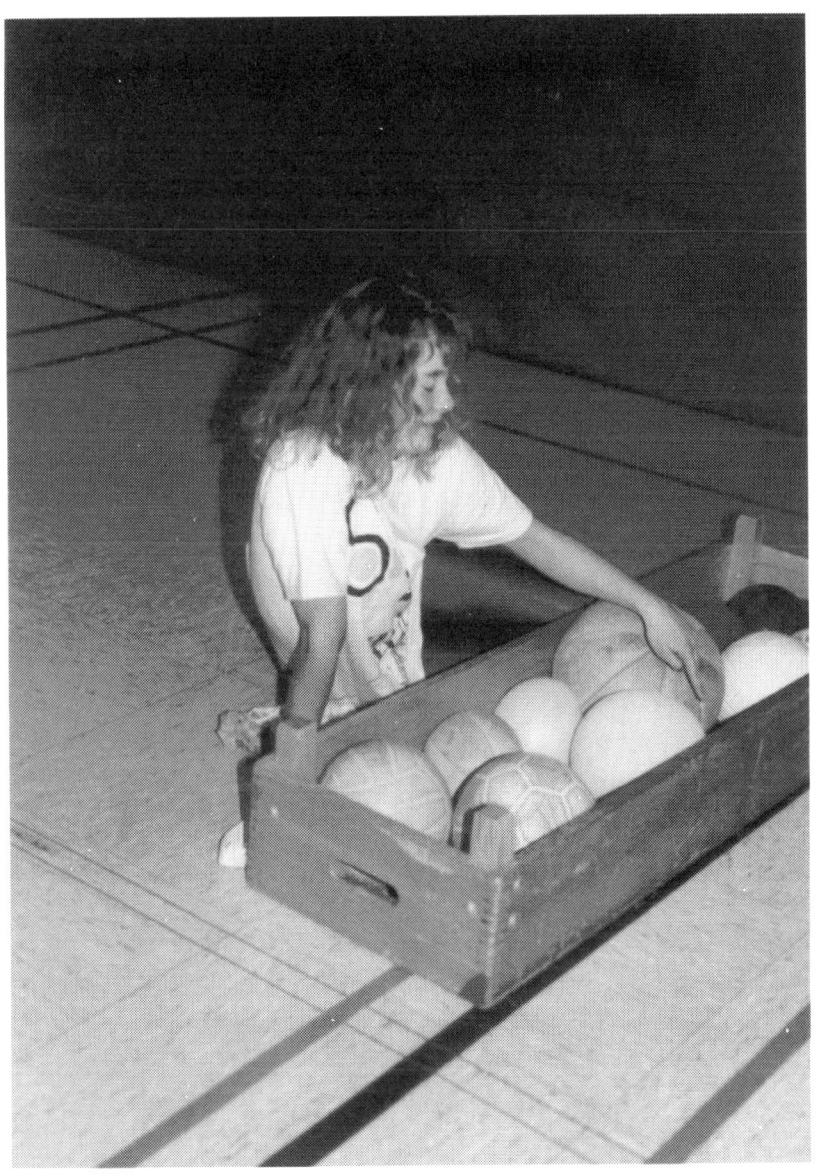

A 48 Sensi 2

Ort	Natur, Halle	Zeitaufwand	keiner
Gruppengröße	beliebig	Materialaufwand	keiner
Zielgruppe	Kinder, Jugendliche, Erwachsene		

Beschreibung:

Viele verschiedene Gegenstände des aus dem häuslichen Gebrauch und aus der Natur werden ausgebreitet. Die Teilnehmer und Teilnehmerinnen sollen nun versuchen, mit geschlossenen Augen (Augenbinden) und nur mit den nackten Füßen tastend diese Gegenstände zu erkennen.

In der Natur gilt es, mit nackten Füßen verschiedene Blätter, Äste oder andere natürliche Materialien allein mit den Füßen an eine Sammelstelle zu bringen.

Materialbedarf:

keiner

Sicherheitshinweise:

keine

Merkblatt Sicherheit

Spiel Nr., Name

Variation

A 49 Siamesische Zwillinge

Ort	Natur, Halle	Zeitaufwand	bis 10 Min.
Gruppengröße	beliebig	Materialaufwand	wenig
Zielgruppe	Kinder, Jugendliche, Erwachsene		

Beschreibung:
An jede Seite einer ausgeklappten Sprossenwand werden zwei Turnbänke eingehängt. Vor und unter die Turnbänke werden Weichbodenmatten gelegt. Die Teilnehmer und Teilnehmerinnen haben die Aufgabe, auf verschiedene Art und Weise Bälle von einer Seite der Sprossenwand auf die andere zu transportieren. So kann ein Gymnastikball zwischen den Stirnen, ein Medizinball zwischen den Bäuchen und zwei Tennisbälle können zwischen den Händen transportiert werden. Die Bälle werden durch Druck und Gegendruck gehalten. Gerade in dieser Situation wird es wichtig, sich auf die Bewegungen des Partners oder der Partnerin einzustellen, Gleichgewicht zu halten und sich auf verschiedene Bewegungen gleichzeitig zu konzentrieren (Klettern, Bälle, Partner/in).

Materialbedarf:
Eine Sprossenwand, vier Turnbänke, zwei Weichböden, verschiedene Bälle, Turnmatten.

Sicherheitshinweise:
Mögliche Sturzbereiche sind durch Turnmatten abzusichern.

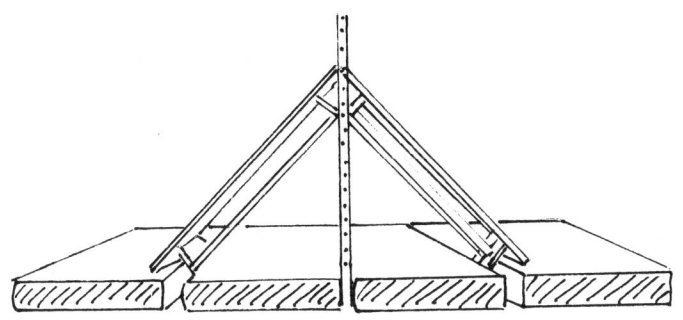

A 50 Spieglein-Spieglein

Ort	Natur, Halle	Zeitaufwand	keiner
Gruppengröße	beliebig	Materialaufwand	wenig
Zielgruppe	Kinder, Jugendliche, Erwachsene		

Beschreibung:

Die Abenteurer und sind nach einem langen Irrflug auf einem fremden Planeten gelandet. Dort begegnen sie Wesen, die eine ganz besondere Eigenschaft haben: Sie sehen aus wie sie selbst. Dies führt dazu, dass die Abenteurer alle Bewegungen, die diese Wesen vormachen, genau nachmachen, denn sie sind ihr eigenes Spiegelbild. Die fremden Wesen unterscheiden sich nur in einem Punkt von den Abenteurern: Sie können nicht sehen (Augenbinden). Die fremden Wesen versuchen nun alles, die Abenteurer über ihren Planeten zu führen. Aber wie gesagt: Die Abenteurer müssen den Wesen alle Bewegungen nachmachen. Für diese Bewegungen bieten sich eine Menge Vorgaben an: Alltagsbewegungen (Kämmen, Waschen ...), Tanzbewegungen, verschiedene Fortbewegungsarten und vieles mehr. Ohne eine genaue Absprache und eine Menge an Konzentration wird das spiegelbildliche Verhalten schwer. Nach einer gewissen Zeit werden die Rollen gewechselt.

Für den nicht sehenden Partner stellen die Bewegungen oft kein Problem dar. Wohl aber für den Sehenden, denn er gibt sich die "Blöße" komischer Bewegungen, er beobachtet sich selbst, was die eigentliche psychische Herausforderung darstellt.

Materialbedarf:
Augenbinden

Sicherheitshinweise:
Keine

Merkblatt für neue Spielideen

Name

Ort

Gruppengröße/Zielgruppe

Zeitaufwand/Materialaufwand

Beschreibung

Materialbedarf

Sicherheitshinweise

A 51 Stamm

Ort	Natur	Zeitaufwand	keiner
Gruppengröße	beliebig	Materialaufwand	wenig
Zielgruppe	Kinder, Jugendliche, Erwachsene		

Beschreibung:

Zwei Partner stehen sich auf einem umgefallenen Baumstamm gegenüber, reichen sich die Hände und lassen sich leicht nach hinten fallen. Gemeinsam versuchen sie, den Stamm entlang zu wandern. Ganz besonders schwierig wird die Übung, wenn die Augen verbunden sind.

Materialbedarf:

Augenbinden

Sicherheitshinweise:

Der Leiter muss vor der Durchführung das Gelände von gefährdenden Gegenständen (Glasscherben, Steine, Dornen etc.) befreien.

Merkblatt für Spielvariation

Spiel Nr., Name

Variation

A 52 Steifer Stock

Ort	Natur, Halle	Zeitaufwand	keiner
Gruppengröße	beliebig	Materialaufwand	keiner
Zielgruppe	Kinder, Jugendliche, Erwachsene		

Beschreibung:
Diese Situation eignet sich ganz besonders um Gruppenvertrauen und Gruppenverantwortung auf sanfte Weise zu fördern. Acht Teilnehmer/innen stehen ca. 1/2 Meter auseinander und bilden einem engen Kreis, in dem ein weiterer Teilnehmer steht. Dieser schließt die Augen, spannt seinen Körper an und lässt sich vertrauensvoll und völlig gestreckt in die Arme der Mitspieler/innen fallen. Diese fangen ihn sanft auf, richten ihn wieder auf, so dass er nun auf die gegenüberliegende Seite fällt. Dort wird er wieder von den TN aufgefangen, die ihn wieder aufrichten usw. Hat der Teilnehmer ein großes Vertrauen zur Gruppe entwickelt, kann diese versuchen, ihn in Kreisform von einem zum nächsten TN weiterzureichen.

Materialbedarf:
Keiner

Sicherheitshinweise:
Keine

Tipp:
Diese Situation sollte nur von Gruppen durchgeführt werden, in denen ein Mindestmaß an Vertrauen herrscht. Der Übungsleiter, bzw. die Übungsleiterin sollte immer wieder darauf hinweisen, dass der Körper völlig gestreckt sein muß.

Merkblatt Sicherheit

Spiel Nr., Name

Variation

A 53 Stöckchen

Ort	Natur	Zeitaufwand	keiner
Gruppengröße	beliebig	Materialaufwand	keiner
Zielgruppe	Kinder, Jugendliche, Erwachsene		

Beschreibung:
Wieder auf der großen Wanderung über einen fremden Planeten. Der Schuhe beraubt und vom Sonnenlicht geblendet (Augenbinden) bleibt uns nichts anderes übrig, als uns auf unseren Partner zu verlassen. Dieser hat ein kleines, zartes Stöckchen gefunden, über das wir verbunden sind. Unser Partner hält das Stöckchen zwischen Daumen und Zeigefinger und wir halten es am anderen Ende ebenso fest. Aber Vorsicht: Stöckchen zerbrechen leicht. Haben wir ein vorausbestimmtes Ziel erreicht, wird gewechselt.

Materialbedarf:
keiner

Sicherheitshinweise:
Der Leiter muss vor der Durchführung das Gelände von gefährdenden Gegenständen (Glasscherben, Steine, Dornen etc.) befreien.

Merkblatt für neue Spielideen

Name

Ort

Gruppengröße/Zielgruppe

Zeitaufwand/Materialaufwand

Beschreibung

Materialbedarf

Sicherheitshinweise

A 54 Tanzbär

Ort	Natur, Halle	Zeitaufwand	keiner
Gruppengröße	beliebig	Materialaufwand	keiner
Zielgruppe	Kinder, Jugendliche, Erwachsene		

Beschreibung:

Ein "Tanzbär" steht auf zwei Medizinbällen und stützt sich mit einem Turnstab ab.

Wie im Zirkus können diesem Tanzbären nun verschiedene Aufgaben gestellt werden:

- Slalomlauf um Pylone
- Hindernislauf über drei Turnmatten
- Erklimmen einer Schräge aus Matten
- Unterqueren einer gespannten Zauberschnur
- Überqueren einer gespannten Zauberschnur
- ...

Materialbedarf:

Zwei Medizinbälle, einen Turnerstab, Turnmatten, Pylone, Zauberschnur.

Sicherheitshinweise:

Den Weg des Tanzbären sollten auf jeden Fall zwei Sicherungspersonen (auf jeder Seite eine) begleiten.

Merkblatt Sicherheit

Spiel Nr., Name

Variation

A 55 Wasserleitung 1

Ort	Natur	Zeitaufwand	10 bis 20 Min.
Gruppengröße	beliebig	Materialaufwand	erhöht
Zielgruppe	Kinder, Jugendliche, Erwachsene		

Beschreibung:

Die Teilnehmer bilden mehrere gleich große Gruppen. Sie haben jeweils einen wassergefüllten Becher in der Hand und sollen nun versuchen, mit geschlossenen Augen (Augenbinden) das Wasser aus dem Becher in eine ca. 10 Meter entfernt stehenden Eimer zu schütten. Natürlich sind einige Hindernisse zu überwinden. Die Mitspieler dürfen durch Rufen steuernd eingreifen. Hat der Spieler seinen Becher ausgeschüttet, läuft (geht) der nächste mit verbundenen Augen los. Ziel ist es nicht, so schnell wie möglich fertig zu werden, sondern so viel Wasser wie möglich in den Eimer zu schütten. Gewonnen hat die Mannschaft, die den höchsten Wasserstand erzielt hat.

Materialbedarf:

Plastikbecher, Wasser, Eimer, Augenbinden

Sicherheitshinweise:

Keine

Merkblatt für Spielvariation

Spiel Nr., Name

Variation

A 56 Wasserleitung 2

Ort	Natur	Zeitaufwand	10 bis 20 Min.
Gruppengröße	beliebig	Materialaufwand	erhöht
Zielgruppe	Kinder, Jugendliche, Erwachsene		

Beschreibung:

Die Teilnehmerinnen und Teilnehmer bilden mehrere Gruppen und sitzen in einer langen Reihe dicht hintereinander. Vor dem ersten Spieler stehen 15 leere Becher, ein voller und ein leerer Eimer Wasser. Nun hat der erste Spieler die Aufgabe, einen Becher nach dem anderen mit Wasser zu füllen und diese nacheinander auf der rechten Seite an den hinter ihm sitzenden Spieler weiterzureichen. Dieser reicht den Becher wiederum nach hinten weiter. Ist der Becher beim letzten Spieler angekommen, nimmt dieser den Becher von der rechten in die linke Hand und reicht den Becher auf der linken Seite wieder nach vorne. Ist der Becher wieder beim ersten Spieler, schüttet er diesen in den leeren Eimer, füllt ihn erneut und reicht ihn auf der rechten Seite nach hinten. Und so fort. Gewonnen hat die Mannschaft, die nach einer gewissen Zeit (5 – 10 Minuten) den höchsten Wasserstand im ehemals leeren Eimer hat. Ganz besonders interessant ist dieses Spiel mit verbundenen Augen.

Materialbedarf:

Plastikbecher, Wasser, Eimer, Augenbinden

Sicherheitshinweise:

Keine

Merkblatt Sicherheit

Spiel Nr., Name

Variation

A 57 Zeitungslauf

Ort	Natur, Halle	Zeitaufwand	keiner
Gruppengröße	beliebig	Materialaufwand	keiner
Zielgruppe	Kinder, Jugendliche, Erwachsene		

Beschreibung:
Jeder TN nimmt sich ein Blatt Zeitungspapier, drückt es mit der flachen Hand an seinen Bauch und stellt sich so vor eine Startlinie. Ziel ist es nun, mit dem Zeitungspapier zu laufen, ohne dieses festzuhalten. Natürlich können verschiedene Hindernisse in den Weg gestellt werden, wie z.B. eine Langbank, eine Schräge von der abgesprungen werden muss, Fähnchen die umlaufen werden sollen o.ä. Die Teilnehmer und Teilnehmerinnen können als gesamte Gruppe die Aufgabe bekommen, einen möglichst schweren Parcours aufzubauen, der aber noch mit der notwendigen Geschwindigkeit durchlaufen werden kann. Eine nicht ganz leichte Aufgabe!

Materialbedarf:
Zeitungen.

Sicherheitshinweise:
Da die Konzentration vor allem auf der Zeit liegt, sollte der Aufbau der Hindernisse möglichst einfach gehalten werden.

Merkblatt für neue Spielideen

Name

Ort

Gruppengröße/Zielgruppe

Zeitaufwand/Materialaufwand

Beschreibung

Materialbedarf

Sicherheitshinweise

A 58 Zielscheibe

Ort	Natur, Halle	Zeitaufwand	10 bis 20 Min.
Gruppengröße	beliebig	**Materialaufwand**	wenig
Zielgruppe	Kinder, Jugendliche, Erwachsene		

Beschreibung:
Die Mitspieler teilen sich in mehrere Mannschaften, die in Reihen nebeneinander stehen. Der erste Spieler bekommt die Augen zugebunden und einen Farbklecks Fingerfarbe auf die Nase. Er hat nun die Aufgabe, durch die Zurufe seiner Mitspieler gelenkt, an eine ca. 10 Meter entfernte Zielscheibe zu gehen, und dort mit der Nase einen Farbpunkt zu markieren. Leider darf der Spieler seine Hände nicht benutzen, um sich an der Zielscheibe zu orientieren. Die Hände müssen auf dem Rücken gehalten werden.
Gewonnen hat die Mannschaft, die die meisten Punkte nach einem Durchgang erzielt hat.

Materialbedarf:
Zielscheibe, Fingerfarbe, Augenbinden

Sicherheitshinweise:
Keine

Merkblatt Sicherheit

Spiel Nr., Name

Variation

B 1 Abseilen im Dülversitz

Ort	Natur, Halle	Zeitaufwand	10 bis 20 Min.
Gruppengröße	klein bis mittel	Materialaufwand	wenig
Zielgruppe	Kinder, Jugendliche, Erwachsene		

Beschreibung:
Das Abseilen im Dülversitz ist eine einfache Möglichkeit, ohne großen Materialaufwand ein Abseilen von Schrägen auszuprobieren. In der Natur lassen sich viele geeignete Hänge finden, an denen eine Befestigungsmöglichkeit für das Kletterseil vorhanden ist. In der Sporthalle können mit einem etwas erhöhten Zeit- und Materialaufwand geeignete Schrägen gebaut werden.

Aufbau in der Halle:
In eine Sprossenwand werden in Schulterhöhe zwei Turnbänke eingehängt. Um die oberen zwei Sprossen der Sprossenwand wird ein Seil (Kletterseil 11mm/25m) mit einem Sackstich befestigt. Die Teilnehmer klettern auf die Turnbänke und legen sich das Kletterseil im Dülversitz um den Körper. Die rechte Hand hält das "Bergseil", die linke Hand umfaßt das "Talseil" und wird gegen den linken Oberschenkel gedrückt. Durch dosiertes Öffnen der linken Hand kann der Abseilvorgang beeinflusst werden. Ein höheres Einhängen der Turnbänke steigert den Schwierigkeitsgrad.
Der größte Schwierigkeitsgrad wird erreicht, indem die Turnbänke ausgehängt und eine Weichbodenmatte gegen die Sprossenwand gelehnt und vertraut wird. Hiermit ist ein senkrechtes Abseilen im Dülversitz möglich. Wichtig ist in diesem Fall eine Absicherung des Sturzbereiches durch eine weitere Weichbodenmatte.

Aufbau in der Natur:
Für das Abseilen im Dülversitz eignen sich alle Gelände mit einer Hangneigung von mehr als 45 Grad. Das Prinzip ist dem Aufbau in der Halle ähnlich. Für den Anfang sollte das Gelände so beschaffen sein, dass ein Ab- und Aufstieg ohne Seil möglich ist. An senkrechten oder sehr steilen Wänden, an denen ein Absturzen möglich ist, sollten wegen der fehlenden Gegensicherung kein Abseilen im Dülversitz durchgeführt werden.

Materialbedarf:
Für die Sporthalle: 2 Weichböden, 1 Kletterseil 25m, 4 Reepschnüre á 6m (4mm), 2 Turnbänke
Für die Natur: 1 Kletterseil 25 m

Sicherheitshinweise:

Der gesamte Abseilvorgang darf nur langsam erfolgen, da durch die hohe Reibung zwischen Seil und Kleidung eine große Hitze entsteht. Bei allen Übungen in der Halle muss eine Mattensicherung des Sturzbereiches mit kleinen Matten erfolgen, da die Teilnehmer über keine Gegensicherung gesichert sind.

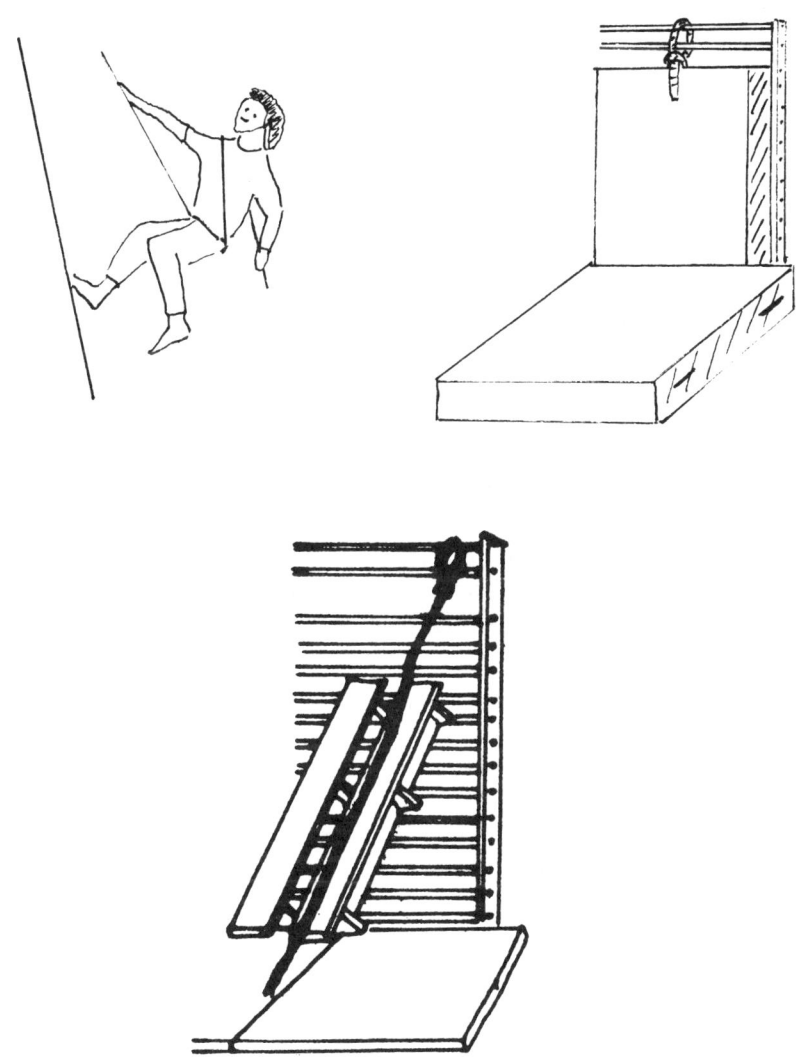

B 2 Adler

Ort	Natur, Halle	Zeitaufwand	keiner
Gruppengröße	mittel bis groß	Materialaufwand	keiner
Zielgruppe	Jugendliche, Erwachsene		

Beschreibung:
Der "Adler" liegt mit ausgestreckten Armen auf dem Bauch und sechs Adler-
träger (drei Adlerträger pro Seite) tragen den Adler an den Schultergelenken,
Beinen und an der Hüfte durch die Halle. Nach erfolgreichem Flug wird der
Adler wieder sanft auf den Boden gelegt. Der Flug des Adlers kann über si-
mulierte Landschaften wie z.B. Medizinbälle als Berge, Bänke als Brücken,
Weichböden als Seen führen. Sie machen den Flug noch spannender.

Materialbedarf:
Je nach Bedarf zur Landschaftsgestaltung.

Sicherheitshinweise:
Die Adlerträger/innen tragen den Adler nahe an den Gelenken, das ist sicherer
und einfacher. Um einen reibungslosen Flug durchführen zu können, muss sich
der Adler natürlich anspannen, was sehr viel Kraft erfordert. Einfacher ist es,
wenn die Adlerträger den Adler mit gestreckten Armen über den Köpfen tragen. Dazu sollte die Gruppe jedoch gut eingespielt sein, weil der Adler unter
Umständen etwas unsanft aus größerer Höhe landen könnte. Beim Überflie-
gen von Hindernissen muss immer auf genügende Standfestigkeit der Träger
geachtet werden (nicht über schwingende oder wackelnde Geräte gehen).

Tipp:
Diese Übung ist nicht nur für den Adler, sondern auch für den Adlerträger
anstrengend. Gerade Kinder bis ca. zum 7. Schuljahr werden nur schwer in
der Lage sein, die notwendigen Kraftleistungen zu erbringen.

205

B 3 Akrobatik "Galionsfigur 1"

Ort	Natur, Halle	Zeitaufwand	keiner
Gruppengröße	beliebig	**Materialaufwand**	wenig
Zielgruppe	Kinder, Jugendliche, Erwachsene		

Beschreibung:

Die Galionsfigur 1 besteht aus einem Untermann und einem Obermann. O steht dabei wie eine Galionsfigur auf den Oberschenkeln von U, wobei U den Obermann an der Hüfte festhält.

Der Obermann steigt zuerst rückwärts mit einem, dann mit dem anderen Fuß auf den Oberschenkel des Untermanns (später kann auch ein Sprung auf die Oberschenkel erfolgen). Der Untermann hält den Obermann an den Hüften fest. Sobald der Obermann sich vollständig auf den Oberschenkeln des Untermanns befindet, richtet sich der Obermann aus der Hocke zur vollen Streckung auf. Wichtig ist, dass die Oberfigur sich in einer leichten Überstreckung befindet, denn nur so kann eine optimale Gewichtsverteilung erfolgen.

Materialbedarf:

Turnmatten

Sicherheitshinweise:

Mit Turnmatten den Sturzbereich sichern. Bei dieser und allen weiteren akrobatischen Übungen ist es sinnvoll, in Gruppen von jeweils vier Teilnehmern/innen zu arbeiten. So stehen immer zwei Teilnehmer/innen zur Hilfe- und Sicherheitsstellung zur Verfügung.

B 4 Akrobatik "Galionsfigur 2"

Ort	Natur, Halle	Zeitaufwand	keiner
Gruppengröße	beliebig	**Materialaufwand**	wenig
Zielgruppe	Kinder, Jugendliche, Erwachsene		

Beschreibung:

Ein Helfer legt sich auf den Rücken und streckt die Beine nach oben. Der Untermann geht in eine leicht gehockte Position und lehnt sich mit dem Rücken an die Beine des Helfers. U hält mit seinen Händen O an den Hüften. O umfasst die Handgelenke von U und setzt einen Fuß auf die Oberschenkel von U. Dann steigt O langsam mit dem zweiten Bein auf den anderen Oberschenkel von U. U unterstützt die Aufwärtsbewegung von O kräftig mit den Händen. Danach greift U zuerst mit der einen, dann mit der anderen Hand um die Oberschenkel von O. O lehnt sich leicht gegen die Hände von U.

Materialbedarf:

Turnmatten

Sicherheitshinweise:

Mit Turnmatten den Sturzbereich sichern. Bei dieser und allen weiteren akrobatischen Übungen ist es sinnvoll, in Gruppen von jeweils vier Teilnehmern/innen zu arbeiten. So stehen immer zwei Teilnehmer/innen zur Hilfe- und Sicherheitsstellung zur Verfügung.

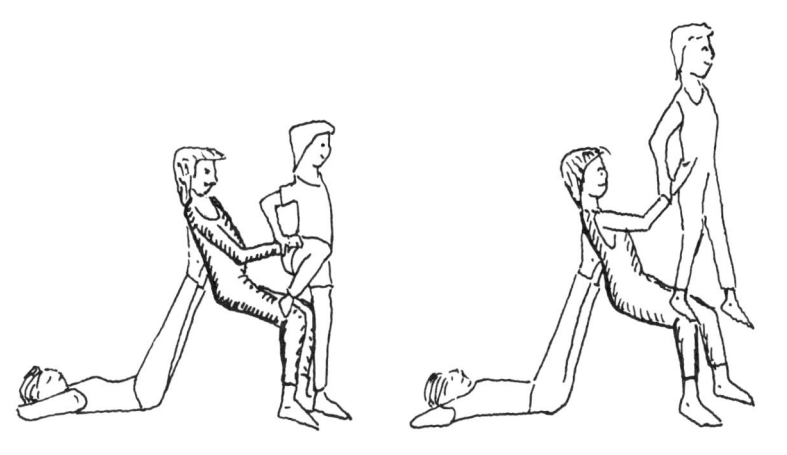

B 5 Akrobatik "Kastenstapel"

Ort	Halle	Zeitaufwand	bis 10 Min.
Gruppengröße	mittel bis groß	Materialaufwand	wenig
Zielgruppe	Jugendliche, Erwachsene		

Beschreibung:

Die Teilnehmer haben die Aufgabe, einen möglichst hohen Menschenstapel (nicht mehr als 6 Personen) auf einem Kasten zu errichten. Vor einem quergestellten großen Kasten steht in ca. 1m Entfernung ein kleines Trampolin, hinter dem Kasten liegt eine Weichbodenmatte. Die Teilnehmer laufen 3 – 4 m vor dem Minitrampolin an, springen ab und landen bäuchlings auf dem großen Kasten. Der erste liegt mit dem Kopf nach links direkt auf dem Kasten, die zweite landet mit dem Kopf nach rechts auf dem ersten, der dritte landet mit dem Kopf wieder nach links auf dem zweiten usw. Jeweils links und rechts neben dem Kasten stehen zwei Teilnehmer in Hilfe und Sicherheitsstellung (sie halten die Teilnehmer jeweils an den Füßen fest).

Ist der Stapel hoch genug, lassen sich die Teilnehmer nach hinten von oben nach unten auf die Weichbodenmatte fallen. Hierbei müssen sie ihre Beine gestreckt (!) lassen, da es sonst zu leichten Blessuren kommen kann. Die Sicherheits- bzw. Hilfestellung kann die Teilnehmer an den Füßen zusätzlich führen.

Materialbedarf:

Minitrampolin, Kasten, Weichboden, Turnmatten

Sicherheitshinweise:

Um diese Übung durchzuführen, müssen die Teilnehmer Erfahrungen mit dem Minitrampolin haben (vgl. BaGuV, 1988). Wichtig ist auf jeden Fall ein korrekter Anlauf und ein sicheres Abspringen.

Jeweils links und rechts neben dem Kasten muss eine Sicherheits- bzw. Hilfestellung stehen.

Tipp:

Die Übung lässt sich sehr schön ausbauen, indem ein als Clown verkleideter letzter Springer nicht mehr auf den Stapel, sondern vor den Stapel springt und ihn somit zum Umfallen bringt (nur für geübte Teilnehmer).

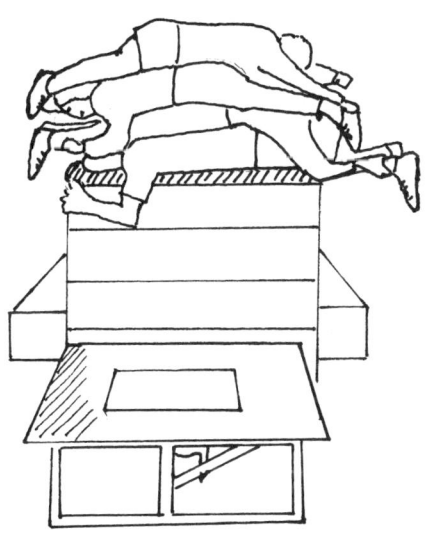

B 6 Akrobatik "Kettenpyramide"

Ort	Natur, Halle	Zeitaufwand	keiner
Gruppengröße	beliebig	Materialaufwand	wenig
Zielgruppe	Kinder, Jugendliche, Erwachsene		

Beschreibung:

Zwei Untermänner stehen mit gespreizten Beinen und leicht angewinkelten Knien nebeneinander. Der Obermann steht hinter ihnen und steigt von hinten auf die Oberschenkel der Untermänner, dabei stützen die Untermänner den Obermann an der Hüfte. Ist ein sicherer Stand erreicht, richtet sich der Obermann auf und die Untermänner halten O an den Oberschenkeln fest. Diese Pyramide kann beliebig erweitert werden (3 Untermänner, 2 Obermänner u. s. w.).

Materialbedarf:

Turnmatten zur Absicherung.

Sicherheitshinweise:

Mögliche Sturzbereiche müssen durch Turnmatten abgesichert werden. Gerade zu Beginn sollten hinter den Übenden Sicherungspersonen stehen, die helfen und sichern.

B 7 Akrobatik "Knie-Schulter-Stand"

Ort	Natur, Halle	Zeitaufwand	keiner
Gruppengröße	beliebig	Materialaufwand	wenig
Zielgruppe	Jugendliche, Erwachsene		

Beschreibung:
Der Untermann liegt rücklings auf einer Turnmatte, seine Beine sind angewinkelt, die Füße stehen etwa hüftbreit auseinander. Er hält die Arme durchgestreckt, die Daumen sind an die Hände angelegt. Der Obermann steht zwischen den Beinen des Untermannes, fasst an seine Knie, beugt sich nach vorn und legt seine Schultern auf die Hände des Untermannes. Die Arme des Obermannes sind dabei ebenfalls gestreckt. Nun schwingt der Obermann mit angewinkelten Beinen hoch, das Becken wird aufgerichtet, die Beine bleiben zunächst angehockt. Wenn ein stabiles Gleichgewicht erreicht ist, richtet der Obermann langsam seine Beine auf, bis eine gestreckte Haltung erreicht ist.

Materialbedarf:
Turnmatten

Sicherheitshinweise:
Ausreichender Abstand zu den anderen Gruppen. Besonders in der ersten Übungsphase sollte eine Sicherheitsstellung die Beine des Obermannes führen, damit ein "Durchsacken" des Obermannes auf jeden Fall vermieden wird.

214

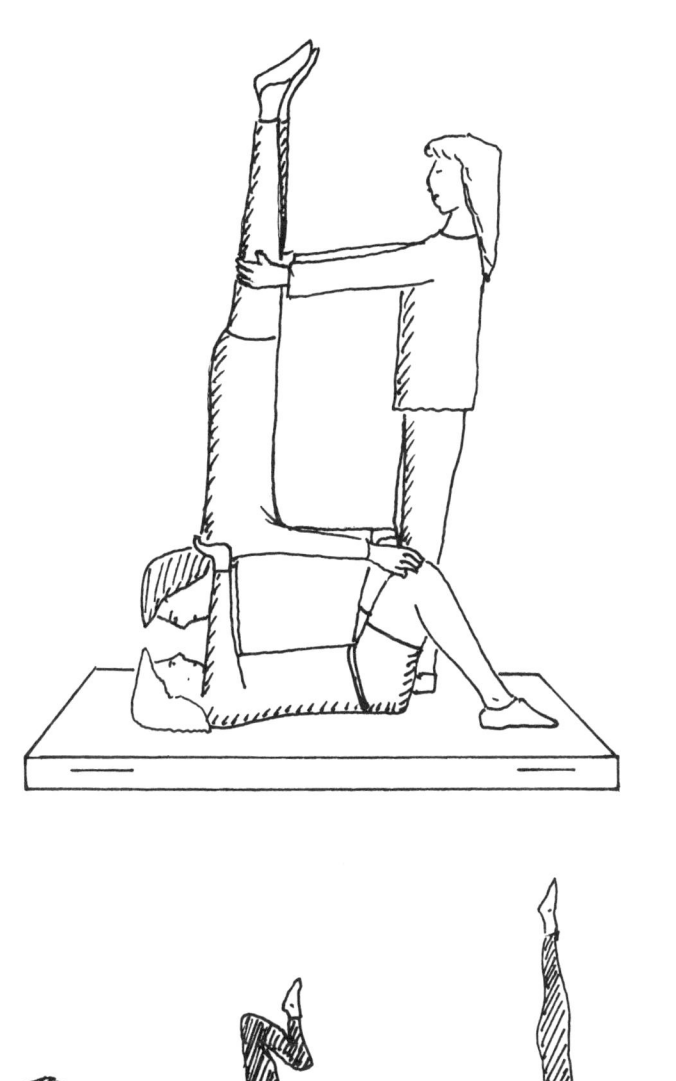

B 8 Akrobatik "Schulterstand"

Ort	Natur, Halle	Zeitaufwand	keiner
Gruppengröße	beliebig	Materialaufwand	wenig
Zielgruppe	Jugendliche, Erwachsene		

Beschreibung:

Der Untermann steht in Grätschstellung mit leicht angewinkelten Knien und hält beide Hände über dem Kopf nach hinten, Handflächen nach oben. Der Obermann steht hinter dem Untermann und fasst die Hände des Untermannes von oben. Nun stellt sich der Obermann etwas seitlich und setzt einen Fuß dicht an der Hüfte auf den Oberschenkel der Untermannes (linker Fuß – linkes Bein). Der Obermann steigt wie bei einer Stufe hoch und setzt den rechten Fuß auf die rechte Schulter des Untermannes. Der Untermann unterstützt diese Bewegung, indem er seine Arme nach vorne-oben führt. Der Obermann kann sich dabei auf den unteren Arm des Obermannes stützen und setzt seinen rechten Fuß auf die rechte Schulter des Untermannes. Dann richtet sich der Obermann langsam auf, wobei der Untermann die Hände los lässt und den Obermann an den Waden stützt. Zum Absteigen reichen sich Ober- und Untermann wieder die Hände. Der Untermann geht in eine leichte Hocke und der Obermann springt vorsichtig nach vorne auf eine Turnmatte (Niedersprungmatte) ab.

Materialbedarf:

Turnmatten, Niedersprungmatten

Sicherheitshinweise:

Um diese Figur zu üben, sind immer 4 Personen erforderlich. Zwei üben und jeweils eine steht vor, bzw. hinter den Übenden. Ebenso ist auf eine ausreichende Sicherung mit Matten zu achten (Sturzbereiche).

B 9 Akrobatik "Zusammengesetzte Elemente"

Ort	Natur, Halle	Zeitaufwand	bis 10 Min.
Gruppengröße	mittel bis groß	Materialaufwand	wenig
Zielgruppe	Jugendliche, Erwachsene		

Beschreibung:
Vier Untermänner und drei Oberfrauen bilden eine zusammengesetzte Aufstei-
gerpyramide. Jeweils zwei Teilnehmer stehen links und rechts daneben und
bilden als seitlichen Abschluss entweder eine Galionsfigur oder den Knie-
Schulter-Stand.

Materialbedarf:
Ausreichend Turnmatten zur Absicherung.

Sicherheitshinweise:
Alle Sturzbereiche sind mit Turnmatten abzusichern. Mindestens zwei weitere
Teilnehmer stehen als Sicherheits- bzw. Hilfestellung zur Verfügung.

B 10 Ausbruch

Ort	Halle	Zeitaufwand	bis 10 Min.
Gruppengröße	mittel bis groß	**Materialaufwand**	wenig
Zielgruppe	Kinder, Jugendliche, Erwachsene		

Beschreibung:
Eine quer aufgestellte Weichbodenmatte bildet unser Ausbruchshindernis (die Gefängniswand). Für Kinder bis ca. zum 7.Schuljahr sollte die Matte nicht senkrecht, sondern waagerecht gestellt werden. Eine senkrechte Matte ist von den Kindern dieser Altersstufe kaum zu überwinden. 2/3 der Gruppenmitglieder halten die Wand fest, einige stützen diese von hinten ab (mit dem Rücken zur Matte), die anderen stehen als Hilfestellung vor der Matte. Hinter der Weichbodenmatte liegt eine weitere Weichbodenmatte (oder Niedersprungmatte) als Landezone. Nach und nach versuchen nun alle Gruppenmitglieder, mit viel Anlauf und durch die Unterstützung der übrigen Ausbrecher über die Matte zu klettern. Die Aufgabe sollte so gestellt werden, dass alle Gruppenmitglieder sich gegenseitig Hilfen geben können. Ziel ist es also nicht, möglichst schnell und ohne fremde Hilfe über die Matte zu kommen. Ziel ist es vielmehr, dass alle Teilnehmer/innen die Wand überqueren. Hilfen sind dabei ausdrücklich erlaubt.

Materialbedarf:
2 Weichbodenmatten (Niedersprungmatte)

Sicherheitshinweise:
Die Teilnehmer/innen dürfen auf keinen Fall mit einem Salto oder mit dem Kopf voraus auf die Landezone springen. *Immer mit den Füßen voraus.* Auf die Weichbodenmatte der Landezone kann noch eine Niedersprungmatte gelegt werden. Dies verhindert ein Umknicken im Sprunggelenksbereich.

B 11 Brückenbau 2

Ort	Halle	Zeitaufwand	10 bis 20 Min.
Gruppengröße	beliebig	Materialaufwand	erhöht
Zielgruppe	Kinder, Jugendliche, Erwachsene		

Beschreibung:

Diese doch recht wacklige Brücke stellt höhere Anforderungen an Gleichge-wichtssinn und Mut der Teilnehmer/innen als eine feste Brücke.

Eine umgedrehte Turnbank wird mit Reepschnüren (Kreuzknoten) in die Ringe eingeknotet. Die Bankenden müssen an den Ringen so befestigt werden, dass sie auch unter Belastung nicht verrutschen können.

Auf jeweils ein Ende der jetzt eingebundenen Turnbank wird eine weitere Turnbank (ebenfalls umgedreht) mit Reepschnüren eingeknotet (Kreuzknoten). Wichtig ist die Fixierung der Turnbänke gegen seitliches Abrutschen. Hierzu wird um beide Bänke eine Reepschnur gebunden und mit dem Spannknoten fest zugezogen.

Die Höhe und damit auch der Schwierigkeitsgrad der Überquerung, kann durch ein unterschiedliches Einhängen der Ringkette variiert werden. Insgesamt soll-te die Höhe 1,5m nicht übersteigen.

Zum Schluss sind alle Sturzbereiche durch Turnmatten zu sichern.

Das Überqueren der Brücke erfolgt zunächst mit offenen Augen und Hilfestel-lung. Anschließend mit offenen Augen ohne Hilfestellung, dann von beiden Seiten gleichzeitig und wer möchte mit geschlossenen Augen. Bei der Über-querung mit geschlossenen Augen sollte auf eine Augenbinde verzichtet wer-den, damit die Teilnehmer/innen bei "brenzligen" Situationen die Augen öff-nen können. Ebenfalls sollte stets eine Sicherungsperson vorhanden sein, die schnell eine angeforderte Hilfe geben kann.

Materialbedarf:

Zwei Turnbänke, 4 Reepschnüre (6mm, 1m), Turnmatten.

Sicherheitshinweise:

Auf der Brücke dürfen sich nicht mehr als 2 Teilnehmer/innen gleichzeitig auf-halten. Es dürfen keine Springseilchen als Ersatz für die Reepschnüre benutzt werden, da diese reißen können!

B 12 Fakir

Ort	Natur, Halle	**Zeitaufwand**	über 20 Min.
Gruppengröße	beliebig	**Materialaufwand**	erhöht
Zielgruppe	Kinder, Jugendliche, Erwachsene		

Beschreibung:

Die Teilnehmer/innen gehen wie ein Fakir, natürlich ganz vorsichtig und ohne sich zu verletzen, über eine Glasscherbenstrecke.

Um aber auf Glasscherben ungefährdet gehen zu können, bedarf es einiger Vorarbeit. Bier oder Weinflaschen werden zunächst in etwa 5 cm große Stücke zerschlagen, wobei die Hals und Bodenstücke aussortiert werden.

Die so vorbehandelten Glasscherben werden nun ca. 2 Stunden in Wasser gekocht und ständig umgerührt. Dieses bewirkt, dass sich die scharfen Kanten abrunden.

Nun werden die Glasscherben auf ein Tuch geschüttet.

Um nun ohne Verletzung über die Glasscherben gehen zu können, bedarf es noch eines besonderen Tipps: die Glasscherbenbahn muss doppelt so dick sein wie die größte Glasscherbe. Denn nur so können sich die Scherben verteilen und den Druck aufnehmen. Werden die Scherben nur flach ausgebreitet, kommt es unweigerlich zu Verletzungen.

Materialbedarf:

20 Flaschen, Wolldecke oder Tuch.

Sicherheitshinweise:

Der Übungsleiter, bzw. die Übungsleiterin muss vorher testen, ob die scharfen Kanten der Glasscherben auch abgerundet sind!

Merkblatt für Spielvariation

Spiel Nr., Name

Variation

B 13 Fallschirmsprung

Ort	Halle	Zeitaufwand	bis 10 Min.
Gruppengröße	klein bis mittel	**Materialaufwand**	wenig
Zielgruppe	Kinder, Jugendliche, Erwachsene		

Beschreibung:

Unter die Ringe wird eine Weichbodenmatte und auf diese eine Niedersprungmatte gelegt.

Ein Fallschirmspringer stellt sich nun in die Mitte der Matten, ergreift die Ringe und lässt sich von den anderen Teilnehmer/innen nach oben ziehen. Dabei müssen die Teilnehmer/innen (mindestens 4) so langsam wie möglich ziehen und auf Zuruf des Fallschirmspringers stoppen. Bei diesem Sprung darf es nicht darum gehen, den eigenen Mut zu beweisen, sondern die Gruppe muss jedem Teilnehmer und jeder Teilnehmerin die Möglichkeit geben, seine/ihre individuelle Höhe herauszufinden. Hat der Fallschirmspringer seine Höhe erreicht, lässt er die Ringe los und landet auf den Matten.

Haben alle Teilnehmer/innen diese Übung durchgeführt, können sie auch einen schneeblinden Fallschirmsprung ausprobieren. Hierzu werden dem Fallschirmspringer die Augen mit einer Augenbinde zugebunden.

Materialbedarf:

Ringe, 6m Reepschnur, Weichbodenmatte, Niedersprungmatte, Augenbinden

Sicherheitshinweise:

Vor dem Absprung muss der Fallschirmspringer ausgependelt sein, das heißt, er muss sich über der Mitte der Matte befinden. Auch muss darauf geachtet werden, dass die Teilnehmer/innen die Zunge nicht aus dem Mund strecken, was unter Anspannung sehr leicht passiert. Gerade bei dieser Übung erlebt man immer wieder, dass einige Teilnehmer/innen es darauf anlegen, sich so hoch wie möglich ziehen zu lassen. Der Übungsleiter hat die Aufgabe, die Höhe für die einzelnen Teilnehmer/innen einzuschätzen und notfalls steuernd in das Geschehen einzugreifen. Als Ersatz für die Niedersprungmatte kann ein Turnmatte benutzt werden.

Tipp:

An den Ringen sollte eine lange Reepschnur befestigt werden. Mit dieser Reepschnur können die Ringe ohne großen Aufwand immer wieder nach unten gezogen werden.

B 14 Filzpantoffelweitsprung

Ort	Halle	Zeitaufwand	bis 10 Min.
Gruppengröße	beliebig	Materialaufwand	wenig
Zielgruppe	Kinder, Jugendliche, Erwachsene		

Beschreibung:

Aus zwei Turnbänken und einem niedrigen Reck wird eine Sprungschanze konstruiert (siehe Zeichnung). Die Turnbänke werden der Befestigungsseite auf die Reckstangen gelegt und mit Reepschnüren festgebunden (Spannknoten). Vor diese Konstruktion wird eine Weichbodenmatte gelegt und mit kleinen Matten an der Kopfseite gegen ein Wegrutschen gesichert.

Der oder die Weitspringer/in schlüpft in Filzpantoffeln, stellt sich auf das untere Ende der Turnbänke und umfasst ein Tau. Vier oder mehr Teilnehmer/innen ergreifen die Enden des Taues und laufen so schnell wie möglich nach vorne. Erreicht der Springer das Ende der Schanze, führt er/sie einen Absprung aus und landet nach einer möglichst weiten Flugstrecke auf der Weichbodenmatte.

Materialbedarf:

Reck, zwei Turnbänke, eine Weichbodenmatte, kleine Matten, Tau, Filzpantoffeln, Reepschnur.

Neue Spielideen?

Haben Sie neue Spieliedeen?

Haben Sie Anmerkungen zu

bestehenden Spielen?

Schreiben Sie an den Autor:

Dr. Jörg Böhnke
Alte Heerstraße 27a
58119 Hagen

Fax: 0 23 34 – 5 77 37

Homepage

Besuchen Sie die Homepage des

Abenteuer- und Erlebnissports

im Internet:

`http://www.abenteuer-erlebnissport.de`

B 15 Förderband 1

Ort	Natur, Halle	Zeitaufwand	keiner
Gruppengröße	mittel bis groß	Materialaufwand	keiner
Zielgruppe	Jugendliche, Erwachsene		

Beschreibung:
Die Spieler und Spielerinnen stellen sich in Gassenstellung auf und fassen den jeweils Gegenüberstehenden an die Hände. Wichtig ist noch einmal der Hinweis, dass keine Uhren oder große Ringe getragen werden dürfen, da sonst die Verletzungsgefahr sehr hoch ist. Eine Spielerin legt sich am Ende der Gasse auf die Hände und Arme ihrer Mitspieler und wird dann vorsichtig durch rhythmisches Hochschwingen nach vorne befördert. Sind jeweils zwei Teilnehmer/innen am Ende des Förderbandes, schließen sie sich an, so dass ein kontinuierliches Weiterfördern möglich ist.

Materialbedarf:
Keiner.

Sicherheitshinweise:
Keine.

B 16 Förderband 2

Ort	Natur, Halle	Zeitaufwand	keiner
Gruppengröße	mittel bis groß	Materialaufwand	keiner
Zielgruppe	Kinder, Jugendliche, Erwachsene		

Beschreibung:

Die Spieler und Spielerinnen legen sich bäuchlings auf den Boden. Ein Spieler legt sich in gestreckter Haltung auf die anderen Mitspieler und versucht, über alle hinwegzurollen. Ist er am Ende angekommen, startet der nächste usw.

Die Leiter/innen sollten unbedingt darauf achten, diese Situation nur am Beginn einer Übungsstunde durchzuführen, da es vermieden werden sollte, über geschwitzte Körper zu rollen.

Kennt sich die Gruppe recht gut, sollten sich die Förderbandmitglieder nicht auf den Bauch, sondern auf den Rücken legen. Ob diese Form des Förderbandes für die jeweilige Gruppe geeignet ist, müssen die Leiter abschätzen. Gerade bei pubertierenden Jungen und Mädchen bereitet ein "Bloßstellen" der Körpervorderseite erhebliche Probleme. In diesem Falle sollte auf die erste Variante zurückgegriffen werden.

Materialbedarf:
Keiner.

Sicherheitshinweise:
Keine.

Merkblatt für neue Spielideen

Name

Ort

Gruppengröße/Zielgruppe

Zeitaufwand/Materialaufwand

Beschreibung

Materialbedarf

Sicherheitshinweise

B 17 Gassenlauf

Ort	Natur, Halle	Zeitaufwand	keiner
Gruppengröße	beliebig	Materialaufwand	keiner
Zielgruppe	Kinder, Jugendliche, Erwachsene		

Beschreibung:

Bei diesem Spiel werden Mut und Vertrauen zur Gruppe gefordert. Die Mitspieler stellen sich in Gassenaufstellung auf und stehen ca. 1 bis 2 Meter auseinander. Ein Teilnehmer steht am Ende der Gasse, schließt die Augen und läuft durch sie hindurch. Dabei geben die Mitspieler dem Läufer durch Summen Orientierungshilfen. Das drittletzte Paar ruft laut und deutlich STOPP, sobald der Läufer sie erreicht hat.

Ja nach Gegebenheiten kann der Abstand der Gasse erweitert werden. In dieser Situation lernen die Teilnehmer sich sehr schnell einzuschätzen. Traue ich mich schnell zu laufen? Bin ich ängstlich? Vertraue ich der Gruppe? Welche Gefühle habe ich? Wichtig ist es, auch mal über die Empfindungen zu sprechen.

Materialbedarf:

Keiner.

Sicherheitshinweise:

Keine.

Abhängig von der jeweiligen Gruppe kann eine Weichbodenmatte als Aufprallfläche vor die Hallenwand gestellt werden. Dies gibt dem Läufer ein zusätzliches Sicherheitsgefühl.

B 18 Gerettet?

Ort	Halle	Zeitaufwand	bis 10 Min.
Gruppengröße	beliebig	**Materialaufwand**	wenig
Zielgruppe	Kinder, Jugendliche, Erwachsene		

Beschreibung:
Unter einem Hochreck wird eine Kastengletscherspalte aufgebaut, indem Kastenteile bis zur Reckstange übereinander gestapelt werden (siehe Zeichnung). Dann passiert es: ein Bergkamerad ist in diese Kastengletscherspalte unterhalb des Recks gefallen. Eine äußerst unangenehme Situation, denn ein Sturm zieht auf, und wir müssen unseren Kameraden noch vor dem großen Regen retten. Seile und Karabiner stehen zur Verfügung. Doch wie ihm helfen? Eine Aufgabe für die ganze Gruppe. Die Übungsleiter und Übungsleiterinnen können hier sehr schön das Gruppenlösungsverhalten beobachten. Wer ist aktiv, wer passiv? Wer ist Macher, wer Zuschauer? Gerade nach dieser Aufgabe sollten die Teilnehmer einmal über ihre Empfindungen sprechen. Aber auch der Übungsleiter sollte seine Beobachtungen zur Sprache bringen. Oft sehen "Außenstehende" erheblich mehr als die Gruppenmitglieder.

Materialbedarf:
Zwei bis drei Kästen, Reck.

Sicherheitshinweise:
Um ein Zusammenfallen des Kastens zu verhindern, muss der Kastenstapel bis an die Reckstange reichen. Gegebenenfalls müssen unter den Kastenstapel Turnmatten gelegt werden.

B 19 Gletscherspalte

Ort	Natur, Halle	Zeitaufwand	bis 10 Min.
Gruppengröße	beliebig	**Materialaufwand**	wenig
Zielgruppe	Kinder, Jugendliche, Erwachsene		

Beschreibung:

Zwei Weichbodenmatten werden hochkant zwischen Gitterwand und Wand aufgestellt, so dass sie mit den glatten Flächen ein V bilden. Unter die Weichbodenmatte müssen zwei Turnmatten gelegt werden (Sturzbereich). Nun wird versucht, von unten zwischen den Matten nach oben zu klettern (umgekehrt gehts natürlich auch nur schneller!). Je geringer der Abstand zwischen den Matten, desto schwieriger wird das Klettern. Und anstrengend ist es auch, erst recht, wenn auch hier versucht wird, einen abgestürzten Kameraden zu retten.

Materialbedarf:

Sprossenwand, zwei Weichböden, Seile und Karabiner.

Sicherheitshinweise:

Keine.

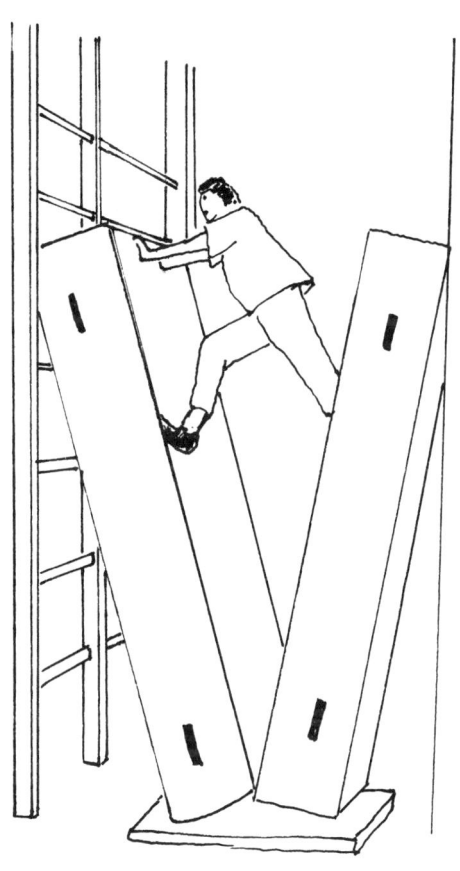

B 20 Gratwanderung

Ort	Natur, Halle	Zeitaufwand	bis 10 Min.
Gruppengröße	beliebig	Materialaufwand	wenig
Zielgruppe	Kinder, Jugendliche, Erwachsene		

Beschreibung:

Nach langer Wanderung in den Anden sind wir kurz vor unserem Ziel: dem sagenumwobenen Inkaschatz. Doch leider ist die alte Inkabrücke schon seit langer Zeit eingestürzt. Der noch einzig intakte Weg zum Inkaschatz führt über einen schmalen Berggrat. Da wir den ganzen Inkaschatz bergen wollen, um ihn in einem Museum auszustellen, müssen alle Mitglieder unserer Expedition über diesen Grat, denn alle werden als Träger benötigt. Fällt auch nur einer aus, ist der Inkaschatz in seiner ganzen Schönheit verloren.

Den Bergrat bilden drei aufgebaute Reckstangen. Die erste wird in Hüfthöhe, die zweite in Schulterhöhe und die dritte in Kopfhöhe an den Reckpfosten befestigt. Die Sturzbereiche unter den Reckstangen werden durch Matten abgesichert. Der Endpunkt des Grates wird mit einer Weichbodenmatte gesichert. Als einzige Balancierhilfe stehen uns zwei Seile (Bersteigerseile) zur Verfügung, die an einem ca. 3m entfernten Barren befestigt werden.

Aber wie gesagt: Die Expedition führt nur zum Erfolg, wenn alle Expeditionsteilnehmer/innen den Grat überwinden. Aber Achtung! Die Seile dürfen nicht über den Hallenboden oder die Matten zurückgebracht werden, sondern nur über den Grat!

Materialbedarf:

3 Recks, 1 Weichböden, Turnmatten, Barren, Bersteigerseil 25m.

Sicherheitshinweise:

Als Aufstiegs- und Abstiegshilfe kann an jedem Reckpfosten ein Kasten aufgestellt werden. Die Übenden müssen von Sicherungspersonen begleitet werden.

B 21 Höhlenforschung 1

Ort	Natur	Zeitaufwand	über 20 Min.
Gruppengröße	beliebig	Materialaufwand	wenig
Zielgruppe	Kinder, Jugendliche, Erwachsene		

Beschreibung:

Eine lange Schnur (Wäscheleine oder Bergsteigerseil) wird Orientierungshilfe durch den Wald geführt. An Bäumen, Sträuchen, Bänken befestigt führt es über Stock und Stein. Die Teilnehmerinnen und Teilnehmer haben die Aufgabe, sich an dem Seil entlang zu tasten. Natürlich sind auch hier die Augen verbunden.

An bestimmten Punkten des Parcours können einige Aufgaben gestellt werden: Erkennen von Gegenständen durch Fühlen (Ball, Würfel, Kugelschreiber, Toilettenpapierrolle …), durch Riechen (Aromen) oder durch Schmecken (Äpfel, Birnen, Schokolande …).

Wichtig ist, dass die Schneeblinden ehrlich sind und die Augen unter den Augenbinden geschlossen halten. Die Augenbinden dienen nur als Hilfe!

Materialbedarf:

Wäscheleine oder Bergsteigerseil, Augenbinden, Tast-, Geruchs-, Geschmackmaterialien.

Sicherheitshinweise:

Die Teilnehmer/innen müssen vorher sensibilisiert werden, sie müssen auf unterschiedliche Hindernisse vorbereitet sein. Der Übungsleiter sollte auf die Gefahren in der Höhle hinweisen. An besonders schwierigen Passagen sollte eine Sicherungsperson postiert werden.

Merkblatt Sicherheit

Spiel Nr., Name

Variation

B 22 Kaminklettern

Ort	Halle	Zeitaufwand	keiner
Gruppengröße	beliebig	Materialaufwand	keiner
Zielgruppe	Kinder, Jugendliche, Erwachsene		

Beschreibung:

Eine Gitterleiter und eine Weichbodenmatte bilden den zu erklimmenden Kamin. Nachdem die Gitterleiter ausgezogen ist, wird eine Weichbodenmatte an die Hallenwand hinter die Gitterleiter gestellt. In den Zwischenraum zwischen Sprossenleiter und Weichbodenmatte werden Turnmatten gelegt.
Die Teilnehmer/innen versuchen jeweils zu zweit oder zu dritt, einen bzw. zwei Medizinbälle in diesem Kamin nach oben zu befördern. Es gibt nur eine Einschränkung: Die Medizinbälle dürfen nicht mit den Händen festgehalten oder geführt werden.
Durch die Wahl verschiedener Bälle kann dieses Element im Schwierigkeitsgrad verändert werden.

Materialbedarf:

Sprossenleiter, Weichboden, verschiedene Bälle.

Sicherheitshinweise:

Alle Sturzbereiche sind mit Turnmatten zu sichern.

B 23 Krake

Ort	Natur, Halle	Zeitaufwand	bis 10 Min.
Gruppengröße	beliebig	Materialaufwand	wenig
Zielgruppe	Kinder, Jugendliche, Erwachsene		

Beschreibung:
Durch Verknüpfung von 4 Tauen wird eine Krake mit 8 Armen gebildet. An jedem Arm befindet sich eine Gruppe. Die Teilnehmerinnen versuchen nun, eine der anderen Gruppen über eine Markierung oder über eine verbotene Zone (Kreis in der Mitte) zu ziehen.

Materialbedarf:
4 Taue.

Sicherheitshinweise:
Keine.

B 24 Liane

Ort	Halle	Zeitaufwand	10 bis 20 Min.
Gruppengröße	beliebig	Materialaufwand	wenig
Zielgruppe	Kinder, Jugendliche, Erwachsene		

Beschreibung:

Auf den Spuren Tarzans! Es ist heiß und Tarzan und Jane brauchen eine Abkühlung. Sie befinden sich auf einem kleinen Hügel. Jenseits der großen Schlucht ist deutlich ein kleiner See zu finden. Also nichts wie hin. Zum Glück führen einige Lianen über die große Schlucht. Schaffen es alle Teilnehmer bei ruhiger Witterung bis zum See? Und bei Sturm? (Der Leiter bringt die Taue leicht zum Schwingen).

Aufbau:

In die ausgezogenen Klettertaue wird in ca. 2m Höhe an jedem Tau eine Prusikschlinge befestigt. Durch die Prusikschlingen wird ein Seil (Hanfseil oder Bergsteigerseil) geführt und mit den äußeren Tauen verknotet (Palsteg). An die Wandseite der Klettertauanlage wird ein Kasten gestellt. Er ist unser Ausgangspunkt (der kleine Hügel) und dient gleichzeitig als Einstiegshilfe für die Lianenwanderung. Das Ziel unserer Wanderung ist eine am anderen Ende der Klettertauanlage liegende Weichbodenmatte (ein kleiner See, in den sich Tarzan oder Jane fallen lassen).

Materialbedarf:

Klettertaue, Bergsteigerseil oder Hanfseil, Kasten, Weichbodenmatte

Sicherheitshinweise:

Die möglichen Sturzbereiche müssen mit Turnmatten abgesichert werden.

248

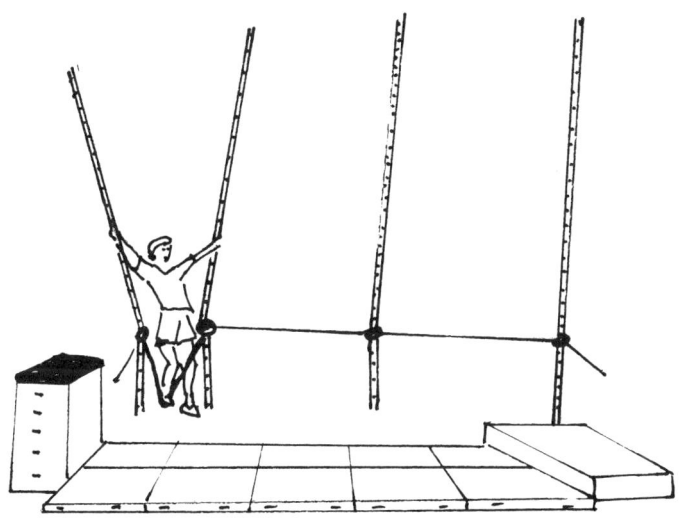

B 25 Menschenkette

Ort	Natur, Halle	Zeitaufwand	keiner
Gruppengröße	mittel bis groß	Materialaufwand	keiner
Zielgruppe	Kinder, Jugendliche, Erwachsene		

Beschreibung:

Die Spieler und Spielerinnen stellen sich hintereinander auf. Jeder greift mit der rechten Hand nach hinten durch seine gespreizten Beine und ergreift die linke Hand des Hintermanns. Ist diese Kette gebildet, setzt sich der letzte Spieler auf den Boden. Dabei zieht er den Vordermann langsam mit, der über ihn rückwärts hinweg steigt und sich dicht hinter ihm ebenfalls auf den Boden legt, ohne dabei die Hände loszulassen. Liegen alle Spieler/innen auf dem Boden, steht der letzte Spieler wieder auf, geht vorwärts und zieht einen Spieler nach dem anderen im umgekehrten Sinn hinter sich her, so dass alle Spieler wieder stehen.

Eine sehr schöne Variante ist die Bildung einer geschlossenen Menschenkette, die sich raupenartig fortbewegt. Es gibt nur eine Lösung!

Materialbedarf:

Kein Material erforderlich.

Sicherheitshinweise:

Keine.

Merkblatt Sicherheit

Spiel Nr., Name

Variation

B 26 Modellieren

Ort	Natur, Halle	Zeitaufwand	keiner
Gruppengröße	beliebig	**Materialaufwand**	wenig
Zielgruppe	Jugendliche, Erwachsene		

Beschreibung:
Die zentrale Figur ist ein schneeblinder Bildhauer. Dieser Bildhauer sucht sich noch sehend zwei Helfer. Ein Helfer ist das Modell und der andere ein Klumpen Ton. Bildhauer und Ton verbinden sich die Augen, während das Modell eine phantasievolle Figur darstellt. Der Bildhauer tastet zunächst das Modell ab und versucht anschließend aus dem Ton ein gleiches Modell modellieren. Der Ton ist passiv und versucht alle modellierten Gelenkstellungen zu einzuhalten.

Materialbedarf:
Augenbinden

Sicherheitshinweise:
Keine.

Tipp:
Bei dieser Situation wird enger Körperkontakt gefordert. Gerade das kann bei einigen Teilnehmern/innen zu erheblichen Vorbehalten führen. Gerade in der Pubertät ist der Körper etwas Geschütztes und es wird als peinlich empfunden, wenn er von anderen berührt wird. Daher sollte der Übungsleiter, bzw. die Übungsleiterin dieses Element nur bei Gruppen durchführen, die er/sie sehr gut kennt. Ebenso sollte die Wahl der Helfer den Teilnehmern/innen überlassen bleiben.

Merkblatt für Spielvariation

Spiel Nr., Name

Variation

B 27 Netz

Ort	Natur, Halle	Zeitaufwand	10 bis 20 Min.
Gruppengröße	beliebig	Materialaufwand	wenig
Zielgruppe	Kinder, Jugendliche, Erwachsene		

Aufbau:

In der Natur: Zwischen vier Bäumen wird mit einem Baustellenabsperrband ein Netz in ca. 30 cm Höhe vom Boden aufgebaut. Seitenlänge ca. 4m.

In der Halle: Eine Sprossenwand oder Gitterleiter bildet des Ausgangspunkt des Netzes. In der Verlängerung der Sprossenwand/Gitterleitet werden an jede Seite je ein kleiner Kasten gestellt. Zwischen Kasten und Sprossenwand/Gitterleiter wird jetzt, ebenfalls in ca. 30 cm Höhe vom Boden ein Gitternetz aufgebaut.

Beschreibung:

Die Teilnehmerinnen und Teilnehmer bilden Paare. Ein Partner verschließt sich die Augen mit einer Augenbinde. Durch die Zurufe des sehenden Partners soll sich der schneeblinde Partner nun von der einen Seite des Netzes auf die andere Seite bewegen, selbstverständlich ohne das Netz (Baustellenabsperrband) zu berühren. Notfalls kann der Partner eingreifen und seinen schneeblinden Partner führen.

Materialbedarf:

Baustellenabsperrband, Augenbinden, für die Halle kleine Kästen

Sicherheitshinweise:

Keine.

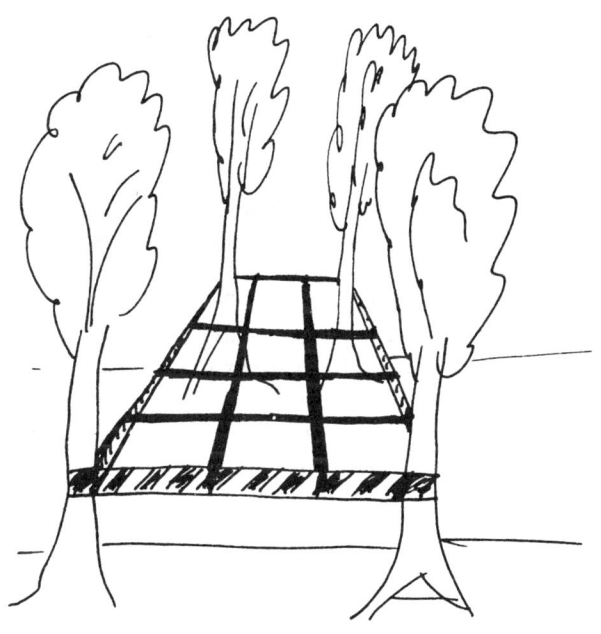

B 28 Peitschenschlag

Ort	Natur, Halle	Zeitaufwand	keiner
Gruppengröße	beliebig	Materialaufwand	wenig
Zielgruppe	Jugendliche, Erwachsene		

Beschreibung:
Ein Spiel zum Konzentrieren und Vertrauen bilden.
Zwei Partner stehen sich gegenüber. Ein Partner hält eine Zeitungsdoppelseite aufgespannt mit gestreckten Armen vor dem Körper. Der oder die andere Partner/in schlägt mit einer selbst gebauten Peitsche das Zeitungsstück in der Mitte durch. Der Rest der Zeitungsseite wird wieder vor den Körper gehalten und erneut durchgeschlagen. Das ganze wiederholt sich, bis nur noch ein kleines Stück Zeitung in der Hand bleibt.
Die Peitsche stellen wir aus einer ca. 1,5m langen 6mm Reepschnur her. In das Ende der Schnur machen wir einen kleinen Knoten. Das andere Ende wickeln wir um unsere Hand, so dass die Peitsche eine ungefähre Länge von 1 bis 1,2m hat.
Vor dem Schlag streckt der Peitschenschläger seinen Arm mit der Peitsche aus. Etwa 20 cm hinter dem Knoten an der Peitsche befindet sich die gehaltene Zeitung. Dieser Abstand ist notwendig, weil der Peitschenschläger beim eigentlichen Schlag immer noch etwas nach vorne schwingt.
Und nun Konzentration! Die auf dem Boden liegende Peitsche wird angehoben, hochgeschwungen und mit einer gleichmäßig langsamen Bewegung wird die Zeitung durchtrennt. Nach einiger Übung und hoffentlich wenigen "Striemen" sieht die Sporthalle aus wie eine Konfettifabrik.

Materialbedarf:
6mm Reepschnüre, Zeitungen.

Sicherheitshinweise:
Keine.

Tipp:
Der Zeigefinger der Peitschenhand zeigt während des ganzen Schlages genau auf die Mitte der Zeitung. Dann wird das Treffen der Zeitung genauer.

B 29 Platzwechsel

Ort	Natur, Halle	Zeitaufwand	keiner
Gruppengröße	mittel bis groß	**Materialaufwand**	wenig
Zielgruppe	Kinder, Jugendliche, Erwachsene		

Beschreibung:

Die Teilnehmer/innen verteilen sich gleichmäßig um einen Fallschirm. Zunächst schwingen sie den Fallschirm abgestimmt und in gleichmäßiger Bewegung auf und ab.

Wenn die Bewegungen gleichmäßig sind, wechseln die Teilnehmer bei der höchsten Position des Fallschirms die Plätze mit ihrem rechten Nachbarn, mit dem übernächsten rechten Nachbarn usw. folgende Varitionen sind möglich:

die Teilnehmer wechseln auf die jeweils gegenüberliegende Seite;

alle Teilnehmer mit gleicher Sportschuhfarbe (auch Hose oder T-Shirt) wechseln die Plätze;

alle Teilnehmer einer oder mehrerer Altersklassen wechseln die Plätze;

Jungen und Mädchen tauschen die Plätze;

alle, die sich schlapp, müde und abgespannt fühlen tauschen die Plätze;

alle, die sich frisch und voller Tatendrang fühlen tauschen die Plätze usw.

Materialbedarf:

Ein Fallschirm oder Schwungtuch.

Sicherheitshinweise:

Keine.

Tipp:

Die Enden des Fallschirms sollten etwas eingerollt werden. Das erleichtert den Griff und verlängert die Haltbarkeit des Fallschirms.

Merkblatt für neue Spielideen

Name

Ort

Gruppengröße/Zielgruppe

Zeitaufwand/Materialaufwand

Beschreibung

Materialbedarf

Sicherheitshinweise

B 30 Quadrat-Schnüffel

Ort	Halle	Zeitaufwand	über 20 Min.
Gruppengröße	beliebig	**Materialaufwand**	wenig
Zielgruppe	Kinder, Jugendliche, Erwachsene		

Beschreibung:

Wir sind immer noch auf dem Quadratplaneten. Es ist immer noch Nacht. Da die größte Gefahr in der Nacht vorbei ist, beginnen wir den Quadratplaneten zu erkunden. Auf unserem Weg kommen wir, uns langsam auf allen Vieren fortbewegend und vorsichtig den Boden abtastend an eine Kreuzung. Auf der Kreuzung befindet sich eine Zitrone. Ah – Zitrone – r – wie rechts rum. Also tasten wir uns an der Markierung nach rechts. Immer weiter bis zur nächsten Kreuzung. Ah – da liegt ein kleiner Ball – richtig! Links weiter. An der nächsten Kreuzung liegt gar nichts – also weiter gerade aus – bis zum Ausgang.

Aufbau:

Auf dem Hallenboden wird mit Tesa Krepp ein quadratisches Gitter geklebt. Der Abstand von Kreuzung zu Kreuzung beträgt ca. 2 Meter. Die Leiter müssen nur noch die entsrechenden Gegenstände (zum Schüffeln, zum Tasten, zum Schmecken) auf die Kreuzungspunkte legen und schon kann es losgehen. Damit die Gegenstände nicht von den Kreuzungen rutschen, werden zwei Helfer gebraucht, die die Gegenstände immer wieder an die richtigen Kreuzungen legen.

Materialbedarf:

Verschiedene Materialien, ausreichend Tesa-Krepp

Sicherheitshinweise:

keine

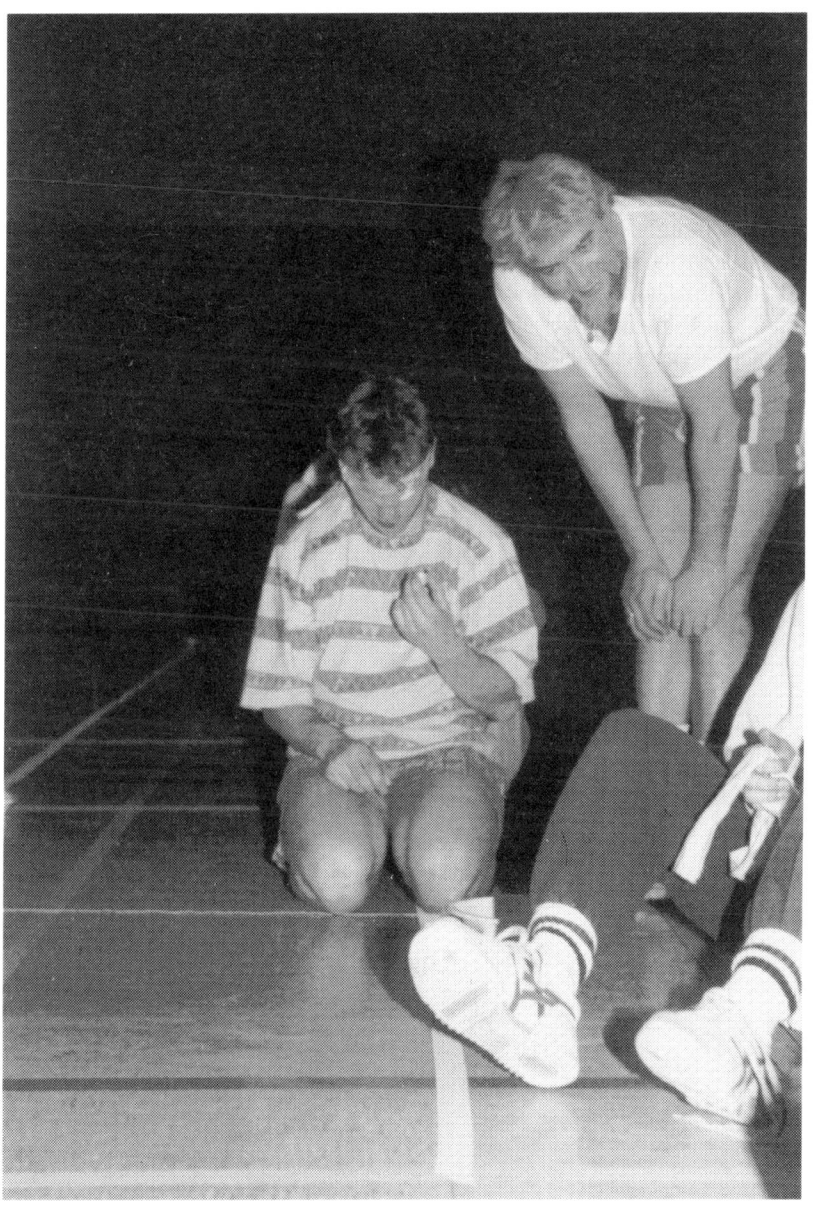

B 31 Riechkim

Ort	Natur, Halle	Zeitaufwand	über 20 Min.
Gruppengröße	beliebig	**Materialaufwand**	wenig
Zielgruppe	Kinder, Jugendliche, Erwachsene		

Beschreibung:
In Gläsern werden verschiedene Materialien der Umgebung gesammelt (Blüten, Erde, Gras ...). Jede Person riecht an den Gläsern und kann sich Material und Geruch merken. In einem zweiten Durchgang werden den Teilnehmern die Augen verbunden. Sie sollen nun anhand des Geruchs die Materialien in den Gläsern wiedererkennen.

Materialbedarf:
Gläser, verschiedene Naturmaterialen, Augenbinden

Sicherheitshinweise:
keine

Merkblatt für Spielvariation

Spiel Nr., Name

Variation

B 32 Rolle-Rolle

Ort	Natur, Halle	Zeitaufwand	keiner
Gruppengröße	beliebig	Materialaufwand	wenig
Zielgruppe	Kinder, Jugendliche, Erwachsene		

Beschreibung:

An einem nicht zu steilen Hang gilt es, unten am Hang liegende Luftballone zerplatzen zu lassen. Diese Luftballons dürfen nur mit dem eigenen Körper zum Platzen gebracht werden. Wie aber den weiten Weg (4 – 5m) zu den Ballons zurücklegen? Natürlich mit meheren Rollen vorwärts. Da bei dieser Rollbewegung schnell die Orientierung verloren wrid, dürfen die anderen Teilnehmer durch lautes Rufen die Richtung angeben. Ach ja, die Augen sind natürlich verbunden.

Am besten eignet sich zu Beginn ein leicht geneigtes Wiesengelände. Ganz besonders spannend wird es in einem Wald.

Materialbedarf:

Augenbinden, Luftballons

Sicherheitshinweise:

Der Leiter muss auch bei dieser Situation darauf achten, dass das Gelände vorher von gefährdenden Materialien (Glasscherben, Steine, Dornen) befreit wird.

Merkblatt Sicherheit

Spiel Nr., Name

Variation

B 33 Sandwich

Ort	Halle	Zeitaufwand	keiner
Gruppengröße	beliebig	Materialaufwand	wenig
Zielgruppe	Jugendliche, Erwachsene		

Beschreibung:
Für ein Sandwich benötigen wir, wie jeder weiß, einen Toast für unten, einen
für oben und einen Belag. Ober- und Unterteil des Sandwiches bildet je eine
Weichbodenmatte, den Belag zwei Spieler/innen.
Zum Aufbau werden zunächst die zwei Weichböden aufeinandergelegt (glatte
Seiten nach innen). Bis auf zwei Mitspieler/innen, die den Belag darstellen,
stellen sich alle anderen um die Weichböden herum auf. Auf ein Kommando
heben sie die obere Weichbodenmatte hoch. Nun legt sich der Belag mit dem
Rücken auf die untere Weichbodenmatte. Die Hände kommen unter den Po und
die Fußspitzen werden nach aussen(!) gedreht. Liegt der Belag ruhig, lassen die
Mitspieler/innen die obere Matte fallen. Die Matte darf dabei nicht nach unten
geworfen werden, da sie sonst schräg aufkommt.
Als Variante legt sich ein Spieler mit dem Rücken auf die obere Matte, wird
hochgehoben, der Belag legt sich auf die untere Matte und los geht's. Aber Vorsicht: die obere Matte darf nur nach unten fallengelassen und nicht geworfen
werden!
Nun, nach bestandener erster Prüfung, wird ein neuer "Belag" zwischen die
Sandwichhälften gelegt. Die übrigen Teilnehmer und Teilnehmerinnen sammeln sich in einiger Entfernung, bilden eine Reihe und laufen nacheinander
über das Sandwich. Ist auch diese Prüfung bestanden, bilden die Teilnehmer
und Teilnehmerinnen eine 2erReihe, fassen sich an die Hände und laufen gemeinsam über das Sandwich. Der Belag kommt dabei ganz schön ins Schwit-
zen!

Materialbedarf:
Zwei Weichböden.

Sicherheitshinweise:
Die Übungsleiter/innen müssen darauf achten, dass die Fußspitzen der Teilneh-
mer/innen nach außen gedreht werden. Brillen müssen abgelegt werden.

B 34 Schneeblind

Ort	Natur, Halle	Zeitaufwand	10 bis 20 Min.
Gruppengröße	beliebig	**Materialaufwand**	erhöht
Zielgruppe	Kinder, Jugendliche, Erwachsene		

Beschreibung:
Die Schneeblinden-Spiele nehmen eine wichtige Stellung im Abenteuer- und Erlebnissport ein. Sie ermöglichen vielfältige Erfahrungen im Bereich der Sinne, des Vertrauens zu sich selbst und zu anderen. Durch die Ausschaltung des Sehsinns werden wir "Seh-Menschen" enorm gefordert. Wir müssen Sinne einsetzen, die wir im "normalen" Leben vernachlässigen: Fühlen und Hören.
Bei der Durchführung der Schneeblindenspiele sollte man mit den Teilnehmern und Teilnehmerinnen sehr behutsam umgehen. Denn bei einigen Situationen erreichen manche Teilnehmer/innen schnell ihre persönliche Grenze. Hier gilt es, die Teilnehmer/innen nicht zu überfordern, sondern ihnen durch die Gruppe Hilfestellungen zu geben.
A) Die Teilnehmer/innen schließen die Augen und folgen einem aufprellenden Ball.
B) Die Teilnehmer/innen verbinden sich die Augen mit Augenbinden und folgen dem aufprellenden Ball. Der Übungsleiter prellt den Ball nicht kontinuierlich auf, sondern macht Pausen und wechselt in den Pausen seinen Standort.
C) Wie B, jedoch befinden sich einige Hindernisse in der Halle (Taue, Weichboden etc).
D) Je zwei Schneeblinde fassen sich an die Hand und erkunden die Halle, in der sich viele Sportgeräte befinden.
E) Ein Sehender führt einen Schneeblinden durch die Halle. Dabei geht es über "Stock und Stein", d.h zum Beispiel über eine Bankwippe, über Kästen, über zwei aufeinanderliegende Weichböden. An dieser Stelle zeigt sich sehr schnell, wie verantwortungsbewusst die Teilnehmer/innen miteinander umgehen. Notfalls müssen die Übungsleiter, bzw. die Übungsleiterinnen in das Geschehen eingreifen.
F) Eine Gruppe von Schneeblinden hat die Aufgabe, einen Hindernisparcours aufzubauen. Auf Wunsch werden sie dabei von Sehenden unterstützt. Ist der Parcours aufgebaut, werden die Sehenden zu Schneeblinden und sollen den Parcours überwinden.
G) Alle Teilnehmer/innen bauen gemeinsam einen Parcours auf. Er sollte lang und von mittlerer Schwierigkeit sein. Jeweils zwei Teilnehmer/innen werden anschließend mit Springseilchen verbunden (nicht zusammenbinden, nur festhalten) und werden zu Schneeblinden. Die restliche Gruppe dirigiert durch lau-

tes Zurufen die Schneeblinden durch den Parcours. Sehr interessant wird es, wenn zwei Paare gleichzeitig starten.

H) Alle Teilnehmer bauen einen Parcours auf den sie als Schneeblinde durchlaufen sollen. Doch kurz vor der Überquerung des Parcours passiert es: je nach Gruppengröße bekommen 1 bis 5 Teilnehmer/innen einen Schwächeanfall. Sie sind nicht mehr in der Lage, sich irgendwo festzuhalten, geschweige denn, zu gehen. So müssen also die Schneeblinden die Geschwächten befördern. Sollte es zu schwierig sein, geht es auch mit offenen Augen.

Materialbedarf:
Je nach Variation

Sicherheitshinweise:
Alle kritischen Stellen sollten durch Sicherungspersonen gesichert werden. Sturzbereiche sind ebenfalls abzusichern.

B 35 Seilbrücke

Ort	Natur, Halle	Zeitaufwand	bis 10 Min.
Gruppengröße	beliebig	**Materialaufwand**	wenig
Zielgruppe	Jugendliche, Erwachsene		

Beschreibung:

Zwischen zwei ausgeklappte Sprossenwänden wird ein Tau durchgezogen und fest zusammengeknotet. Unter dem Tau liegt eine Weichbodenmatte. Die Teilnehmer/innen sollen diese Seilbrücke überwinden, allein, zu zweit, mit geschlossenen Augen. Als zusätzliche Hilfen können mehrere Seile eingebunden werden. Gerade bei Kindern der unteren Altersstufen, die noch nicht über genügend Haltekräfte und ein ausgeprägtes Gleichgewichtsempfinden verfügen, sind diese Hilfen notwendig. Nach und nach können dann immer mehr Seile entfernt werden. Diese Station macht mehr Spaß, wenn sie in eine kleine Geschichte eingebunden wird.

Materialbedarf:

Zwei Sprossenwände, ein Tau, eine Weichbodenmatte.

Sicherheitshinweise:

Das Tau nicht an einer Sprosse, sondern an den Streben befestigen.

271

B 36 Sitzschlange

Ort	Natur, Halle	Zeitaufwand	keiner
Gruppengröße	beliebig	Materialaufwand	wenig
Zielgruppe	Kinder, Jugendliche, Erwachsene		

Beschreibung:

Zunächst wird mit der Gruppe ein Sitzkreis gebildet. Hierzu stellen sich die Teilnehmer dicht hintereinander im Kreis auf. Eine Schulter zeigt dabei nach innen, eine nach außen. Es ist besonders wichtig, dass die Mitspieler sehr dicht hintereinander stehen. Auf ein Kommando setzten sich die Teilnehmer auf die Beine des hinteren Mitspielers. Ist der Sitzkreis gebildet, versucht die Gruppe abwechelnd das linke und das rechte Bein anzuheben. Klappt die "Vorübung" sicher, können wir zu Bewegung, der eigentliche Sitzschlange übergehen.

Die Teilnehmer bilden eine lange Reihe und stehen sehr dicht hintereinander. Hinter dem letzten Mitspieler steht auf einem Rollbrett (Flitzi) ein kleiner Kasten. Die Teilnehmer setzen sich wieder gleichzeitig auf die Beine des hinteren Mitspielers, wobei sich der letzte Teilnehmer auf den Kasten setzt. Ist diese Position erreicht, bewegt sich die Sitzschlange: erst vorwärts, dann rückwärts. Nach einiger Zeit kann die Sitzschlange versuchen, sich schlangenartig fortzubewegen.

Materialbedarf:

Ein kleiner Kasten, ein Rollbrett

Sicherheitshinweise:

Damit der Kasten gegen ein Wegrollen gesichert ist, muss er zu Beginn gegen eine Wand gestellt werde. Der Leiter kann ihn auch mit dem Fuß gegen ein Wegrollen sichern.

B 37 Spinne

Ort	Natur, Halle	Zeitaufwand	bis 10 Min.
Gruppengröße	beliebig	**Materialaufwand**	wenig
Zielgruppe	Kinder, Jugendliche, Erwachsene		

Beschreibung:
Man braucht zwei Kästen und einen Schwebebalken für diese Aufgabe. Der Schwebebalken wir auf den Kästen von zwei Teilnehmern/innen festgehalten. Je näher man die Balken an eine Wand bringt, desto schwieriger wird es, auf dem Balken zu balancieren. Wird der Balken ganz an die Wand gedrückt, kann man nur noch als menschliche Spinne das Gleichgewicht halten. Zwischen den Kästen liegt zur Sicherung eine Weichbodenmatte.
Eine Herausforderung an alle: eine Überquerung gleichzeitig von beiden Seiten (sehr, sehr schwierig).
Die zu wählende Höhe der Kästen hängt von der Gruppe ab. Sie sollte nur so hoch sein, dass man notfalls ohne Angst auf eine Weichbodenmatte springen kann, wenn man abstürzt.

Materialbedarf:
Eine Weichbodenmatte, zwei Kästen.

Sicherheitshinweise:
Keine.

B 38 Sportlerraten

Ort	Natur, Halle	Zeitaufwand	keiner
Gruppengröße	beliebig	Materialaufwand	wenig
Zielgruppe	Kinder, Jugendliche, Erwachsene		

Beschreibung:

Während alle Teilnehmer wegschauen, wird über einen Teilnehmer oder einer Teilnehmerin ein Fallschirm gelegt. Nun hat diese(r) die Aufgabe, einen Sportler darzustellen. Ist die Statue fertig, begeben sich allen anderen Teilnehmer mit geschlossenen Augen zu der unter dem Fallschirm befindlichen Statue. Durch Abtasten sollen sie versuchen, die dargstellte Sportart zu erkennen. Wird die Sportart erkannt, dann darf jemand anderer eine weitere Sportart darstellen.

Der Fallschirm dient in diesem Falle zur Herstellung eines Minimalabstandes zwischen den tastenden Händen und dem Körper des darstellenden Teilnehmers. Gerade bei dieser Situation muss extrem auf die Gruppe geachtet werden. Wenn ein Teilnehmer oder eine Teilnehmerin es sich nicht zutraut, sich von den anderen abtatsten zu lassen, darf es zu keinem Gruppendruck kommen, dieses nun doch tun zu müssen. Nicht jeder ist in der Lage, sich von teilweise fremden Menschen anfassen zu lassen, zumal der Abstand zwischen den tastenden Händen und dem eigenen Körper nur eine dünne Seidenhaut ist. Behutsam mit dem Empfindungen der Teilnehmer und Teilnehmerinnen umzugehen, ist hier oberstes Ziel.

Materialbedarf:

Fallschirm

Sicherheitshinweise:

keine

Merkblatt für neue Spielideen

Name

Ort

Gruppengröße/Zielgruppe

Zeitaufwand/Materialaufwand

Beschreibung

Materialbedarf

Sicherheitshinweise

B 39 Sprung aus den Wolken

Ort	Halle	Zeitaufwand	keiner
Gruppengröße	beliebig	Materialaufwand	keiner
Zielgruppe	Kinder, Jugendliche, Erwachsene		

Beschreibung:
Nur Fliegen ist schöner! Eine Situation, die viel Mut erfordert, ist der Sprung aus den Wolken. Eine Teilnehmerin klettert mit verbundenen Augen auf die Gitterleiter. Bei einer von ihr gewählten Höhe dreht sie sich herum, springt nach vorne und landet sicher auf einer Weichbodenmatte. Der unten stehende Partner sichert die Springerin und verhindert ein Zurückfallen an die Gitterleiter.
Eine Höhe von einem Meter reicht zum Sprung aus den Wolken völlig aus.
Materialaufwand
Eine Gitterleiter, eine Weichbodenmatte, Augenbinden.

Sicherheitshinweise:
Durch die Sicherungsperson muss ein Zurückfallen an die Gitterleiter verhindert werden. Eine Turnmatte vor der Gitterleiter sorgt für zusätzlichen Schutz.

B 40 Sprung über den Abgrund

Ort	Natur, Halle	Zeitaufwand	10 bis 20 Min.
Gruppengröße	beliebig	Materialaufwand	erhöht
Zielgruppe	Kinder, Jugendliche, Erwachsene		

Beschreibung:

Hier kann der Mut beim Überspringen eines Abgrundes ausprobiert werden. Von zwei Barren wird je ein Holm ausgezogen. Die Barren werden dann so gegenübergestellt, dass sich die ausgezogenen Holme außen befinden. Der Abstand der Barren sollte ca. 1,5m betragen. Der Raum zwischen den Barren wird mit Turnmatten ausgelegt. Dann werden die Weichbodenmatten so auf die Barren gelegt, dass sie ein V ergeben. Die TN haben nun die Aufgabe, von einer Weichbodenmatte zur anderen zu springen. Der Abstand der Barren kann dann schrittweise erweitert werden.

Materialbedarf:

Zwei Barren, zwei Weichbodenmatten, Turnmatten.

Sicherheitshinweise:

Der Raum hinter den Barren sollte mit Turnmatten abgesichert werden.

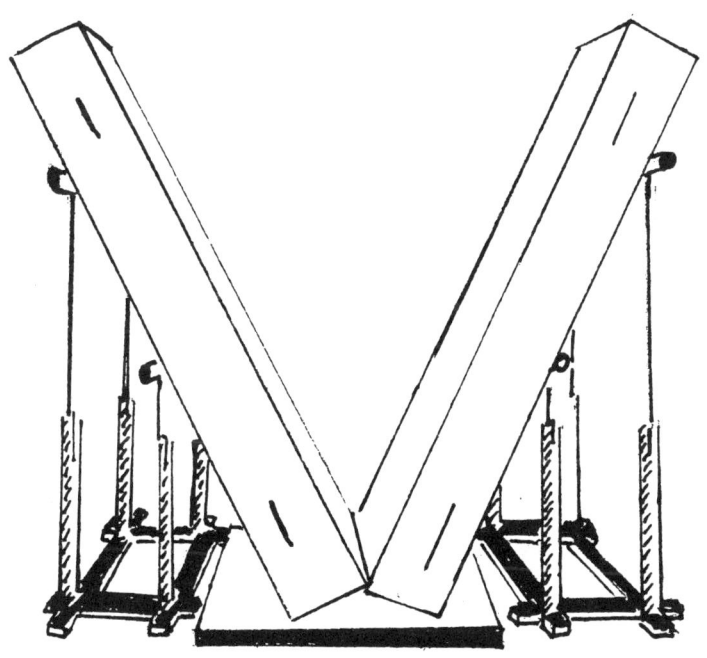

B 41 Steilwand

Ort	Halle	Zeitaufwand	10 bis 20 Min.
Gruppengröße	beliebig	Materialaufwand	erhöht
Zielgruppe	Kinder, Jugendliche, Erwachsene		

Beschreibung:
Die Teilnehmer und Teilnehmerinnen stellen vor eine ausgezogene Gitterleiter einen Kasten. Auf diesen Kasten wird eine Weichbodenmatte quer gelegt und mit Reepschnüren an der Gitterleiter befestigt. Vor den Kasten und die quergestellte Weichbodenmatte wird eine weitere Weichbodenmatte hochkant gestellt, so dass sie eine leichte Schräglage hat. Unter diese Matte wird ein weiterer Kasten quer gestellt. Gegen ein Abrutschen nach vorne muss die hochkant gestellte Weichbodenmatte durch möglichst rutschfeste Matten gesichert werden. Auf ein Befestigen der Weichbodenmatte durch Reepschnürchen wird verzichtet, da diese eine zusätzliche Kletterhilfe darstellen (Querstreben). Für kleinere Kinder können zusätzlich Taue an der Gitterleiter befestigt werden (Längshilfen). Der Raum zwischen Hallenwand und der Rückseite der Gitterleiter muss durch Matten abgesichert werden.
Die Teilnehmer und Teilnehmerinnen versuchen nun, zu zweit oder zu dritt die Steilwand zu erklimmen. Hierbei kommt es nicht auf ein möglichst schnelles Hochklettern des besten Kletterers an, sondern auf das Zusammenspiel in der Gruppe. Helfen und Helfen lassen sind die obersten Prinzipien.

Materialbedarf:
Eine Gitterleiter, zwei Weichböden, Turnmatten, zwei Kästen, Reepschnüre, evtl. Taue.

Sicherheitshinweise:
Alle Sturzbereiche sind durch Matten abzusichern.

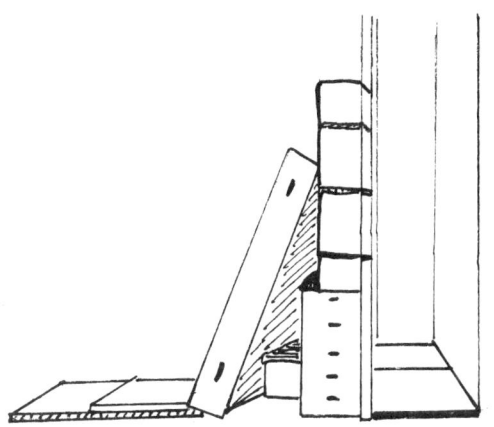

B 42 Todesspirale

Ort	Natur, Halle	Zeitaufwand	keiner
Gruppengröße	beliebig	**Materialaufwand**	keiner
Zielgruppe	Kinder, Jugendliche, Erwachsene		

Beschreibung:
Beschleunigung pur! – oder: Was traue ich mir zu? Bei dieser Situation kommt es in erster Linie darauf an, dass sich die TN selbst in Bezug auf ihren Mut einschätzen und diese Einschätzung nicht von den Meinungen anderer abhängig machen. Die TN müssen hier offen zeigen, für wie mutig sie sich halten. Dass gerade eine gesunde Selbsteinschätzung ein wichtiges Ziel des Abenteuer- und Erlebnissports ist, wurde ja schon mehrfach betont. Hier wird ein erster Schritt in diese Richtung unternommen.

Alle TN stehen in einer langen Reihe nebeneinander, der Übungsleiter, bzw. die Übungeleiterin an erster Stelle (er/sie bildet den Kopf der Todesspirale). Die TN fassen sich gegenseitig an. Nun fängt der Kopf der Todesspirale langsam an zu laufen und zieht alle anderen TN hinter sich her. Die Geschwindigkeit wird langsam gesteigert, die Laufrichtung mehrfach geändert, bis sie schließlich zu einer Spirale geworden ist. An dieser Stelle stoppt der Übungsleiter den Lauf und gibt den TN die Möglichkeit, sich neu einzuordnen. Denn bei einer weiteren Geschwindigkeitssteigerung sind die Fliehkräfte am Ende der Todesspirale am größten. Dort sollten nur diejenigen stehen, die sich dieses auch zutrauen. Da der Übungsleiter selbst am Anfang der Todesspirale steht (wo ja die geringsten Fliehkräfte auftreten), sollte es den TN leicht fallen, sich ebenfalls weiter vorne einzuordnen. Ist diese Einordnung vollzogen, startet der Lauf der Todesspirale aufs neue. Die Geschwindigkeit sollte an die Gruppe angepasst sein.

Materialbedarf:
Keiner

Sicherheitshinweise:
Keine

Merkblatt Sicherheit

Spiel Nr., Name

Variation

B 43 Vorsicht!

Ort	Natur, Halle	Zeitaufwand	keiner
Gruppengröße	beliebig	Materialaufwand	keiner
Zielgruppe	Kinder, Jugendliche, Erwachsene		

Beschreibung:

Die Hälfte der Teilnehmer liegt bäuchlings mit ausgestreckten Armen und Beinen, über die ganze Halle verteilt auf dem Hallenboden. Die anderen Teilnehmer laufen kreuz und quer durch die Halle, zunächst langsam, dann immer schneller. Die Laufenden sollen über und zwischen Beinen und Armen herlaufen. Aber Vorsicht: auf die am Boden liegenden Teilnehmer aufpassen. In einem zweiten Schritt legen sich die Teilnehmer auf den Rücken. Für viele eine große Herausforderung.

Wenn die Teilnehmer vorsichtig genug sind, können Bälle ins Spiel gebracht werden, z.B. Dribbeln mit dem Basketball.

Materialbedarf:
keiner

Sicherheitshinweise:
keine

Merkblatt für Spielvariation

Spiel Nr., Name

Variation

B 44 Wo bin ich?

Ort	Natur	Zeitaufwand	keiner
Gruppengröße	beliebig	**Materialaufwand**	keiner
Zielgruppe	Kinder, Jugendliche, Erwachsene		

Beschreibung:
Wir befinden uns mitten in der Natur. Also – Schuhe und Strümpfe ausziehen, Augen verbinden und versuchen, nur mit den nackten Füßen zur ertasten wo wir uns befinden. Auf einem Schotterweg? Auf einem Waldweg? Auf einem planierten Weg? In einem Laubwald? In einem Nadelwald? Auf einer frisch gemähten Wiese? Auf Moos? Unendlich viele Dinge lassen sich so einmal anders erleben.

Materialbedarf:
keiner

Sicherheitshinweise:
Die Leiter müssen das Gelände vorher erkundet haben und es von möglichen Gefahrenquellen (z.B. Glasscherben) gesäubert haben. Dornensträucher sollten sich ebenfalls nicht auf dem Gelände befinden. Sonst tut's weh.

Merkblatt für neue Spielideen

Name

Ort

Gruppengröße/Zielgruppe

Zeitaufwand/Materialaufwand

Beschreibung

Materialbedarf

Sicherheitshinweise

C 1 Abseilen mit Überkopfsicherung

Ort	Natur	Zeitaufwand	über 20 Min.
Gruppengröße	klein bis mittel	Materialaufwand	hoch
Zielgruppe	Kinder, Jugendliche, Erwachsene		

Beschreibung:

Für das Abseilen mit einer Überkopfsicherung werden zwei sichere und überprüfte Befestigungspunkte (Umlenkstelle und Sicherungsstelle) für das Kletterseil benötigt. Hierbei ist auf absolute Stabilität der Befestigungspunkte zu achten.

1. Der Aufbau wird an der Umlenkstelle begonnen. Dort wird um eine starre Befestigungsmöglichkeit, am besten um einen Baum, eine Seilschlaufe gelegt. In die Enden der Seilschlaufe wird ein HMS-Karabiner eingehängt. Das Kletterseil wird in der Mitte (die Mitte ist bei Kletterseilen meistens mit einer Markierung versehen) in den Karabiner eingehängt und zur Sicherungsstelle geworfen (auf Selbstsicherung achten!).
2. Um die Sicherungsstelle (auch hier am besten um einen Baum) wird eine Seilschlaufe gelegt und ein Knebel gebildet. In diesen Knebel wird ein weiterer HMS-Karabiner eingehängt. Das Sicherungsende des Kletterseils wird mit einem HMS-Knoten im HMS-Karabiner befestigt.
3. In das noch freie Ende des Kletterseils wird ein Achtknoten (Sicherungsknoten) geschlagen, der zum Einhängen des Kletternden dient.
4. Der Kletternde wird nun mit einem Klettergurt (am besten sind Komplettgurte) und einem weiteren HMS-Karabiner in die Schlaufe des Achtknotens (Sicherungsknoten) gehängt.
5. Der/die Kletternde kann sich nun im Erklimmen eines Berges versuchen. Er/sie ist dabei immer über das Sicherungsseil gesichert.

Materialbedarf:

3 HMS-Karabiner (Sicherung, Umlenkung, Gurtbefestigung)
2 Seilschlaufen 2m
1 Seil 50m
mindestens drei Hüftgurte (besser Komplettgurte)
2 Helme (für den Sichernden und den Kletternden)

Sicherheitshinweise:

Diese Station darf nur von Leitern/innen ausgeführt werden, die über eine ausreichende Qualifikation hinsichtlich des Sicherns von Personen verfügen und absolut sicher in der Anfertigung und Anwendung von Knoten sind. Lehrgänge

in denen das Klettern und Abseilen geübt wurden sind absolute Voraussetzung. Die Sicherungs- und Haltepunkte müssen unbedingt auf ausreichende
Tragfähigkeit überprüft werden. Beim Klettern muss auf eine ständige Spannung des Sicherungsseils geachtet werden. Alle HMS-Karabiner sind zuzu-
schrauben.

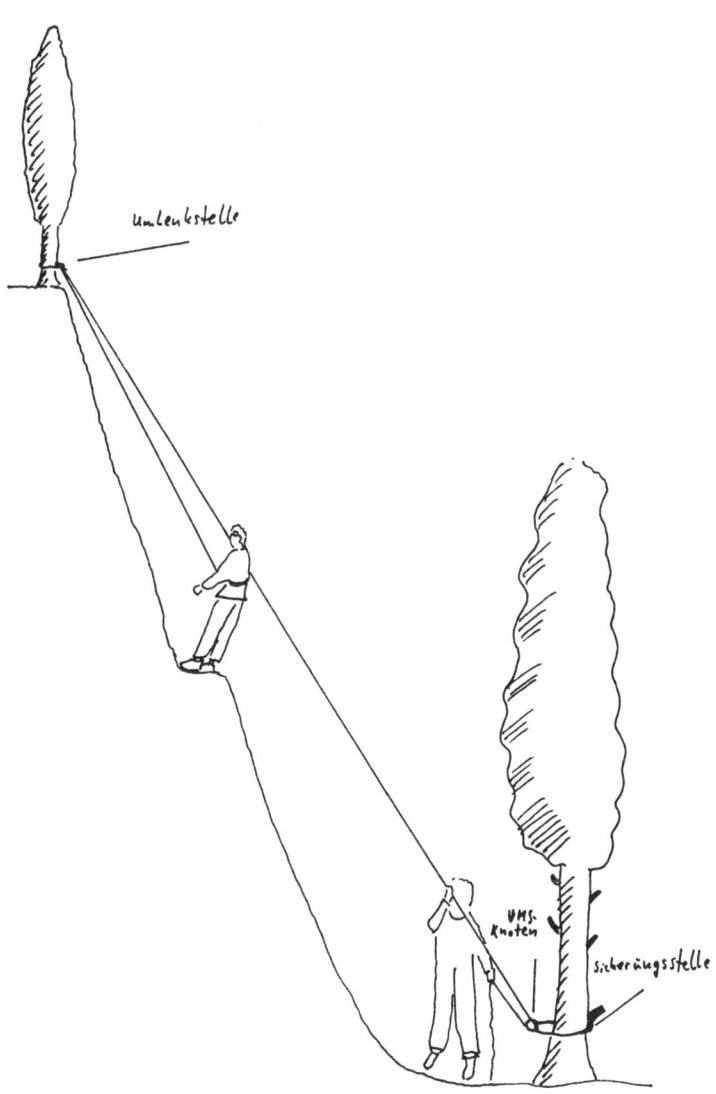

C 2 Burma-Brücke

Ort	Natur	Zeitaufwand	über 20 Min.
Gruppengröße	klein bis mittel	Materialaufwand	hoch
Zielgruppe	(Jugendliche), Erwachsene		

Beschreibung:

Die wohl schönste, aber auch schwierigste Brücke ist die BurmaBrücke. Sie wird (nicht nur in Burma) benutzt, um Schluchten oder Flüsse mit wenig Hilfsmitteln zu überwinden. Der Aufbau ist sehr langwierig und sollte nur von erfahrenen Leitern/innen durchgeführt werden, da die Knoten sehr anspruchsvoll sind und zum Teil unter Belastung geknotet werden müssen.

Die Brücke eignet sich besonders für den Aufbau in der Natur. In der Sporthalle ist der Aufbau sehr schwierig, da oft nicht genügend Befestigungspunkte in der notwendigen Höhe von 3,5m vorhanden sind. Sind Befestigungspunkte vorhanden, muss sichergestellt sein, dass diese der Belastung auch standhalten. Der Aufbau ist in der Natur und in der Halle identisch. Im Folgenden der Aufbau in der Natur beschrieben.

Als Befestigungspunkte dienen zwei Bäume (A und B). Das Bergsteigerseil wird mit einer gesteckten Acht an Baum A befestigt. Um Baum B wird eine Seilschlaufe gelegt, in die zwei Karabiner eingehängt werden. An einem Karabiner wird eine Seilrolle befestigt. Durch diese Seilrolle wird das noch nicht verknotete Bergsteigerseil geführt.

In einem Abstand von ca. 2 bis 3m von der Seilrolle wird in das von Baum A zurückgeführte Bergsteigerseil mit einem Prusikknoten eine Reepschnur befestigt, in die ein Karabiner eingehängt wird. An dem Karabiner wird die zweite Seilrolle befestigt.

Nun wird das Bergsteigerseil auch durch die zweite Seilrolle geführt.

Zum Schluss führen wir das Bergsteigerseil noch durch den zweiten Karabiner an der Seilschlaufe von Baum B.

Der Spannvorgang.

Das Seil wird nun mit vereinten Kräften gespannt. Ist das Seil straff gezogen, wird es mit dem Spannknoten am zweiten Karabiner in der Seilschlaufe von Baum B befestigt. Merke: je größer der Abstand der Bäume, desto größer ist die Dehnung des Seils.

Nachdem unser Laufseil gespannt ist, werden ca. 2m über dem Laufseil ein, besser zwei Handseile befestigt. Da diese Seile nicht so straff gespannt werden müssen wie das Laufseil, reicht es aus, das 2. Bersteigerseil an Baum A mit einer gesteckten Acht zu befestigen und zweimal um Baum B zu führen. An

Baum A wird das zurückgeführte Seil direkt in einem Karabiner, der sich in einer Seilschlaufe befindet, mit einem Spannknoten straff gezogen.
Bei der Überquerung ist darauf zu achten, dass die Teilnehmer/innen über einen Hüftgurt am Handseil gesichert sind (siehe Zeichnung).

Materialbedarf:
Für die Brücke: 2 Bergsteigerseile 50m, 4 Karabiner, 2 Seilrollen, 1 Reepschnr 2m.
Zur Sicherung: 1 Seilrolle, 1 Reepschnur 2m, 1 Reepschnur 25m, 2 HMS Karabiner, 1 Hüftgurt.

Sicherheitshinweise:
Der Aufbau der Brücke muss von einem geübten Leiter, bzw. einer geübten Leiterin überwacht werden.

Tipp:
Der Hüftgurt sollte mit einer langen Reepschnur (25m) verbunden sein, damit er wieder zum Ausgangspunkt zurückgezogen werden kann. Das erspart eine Menge Laufarbeit. Um einen reibungslosen Wechsel zu ermöglichen, sollten mehrere Hüftgurte vorhanden sein.

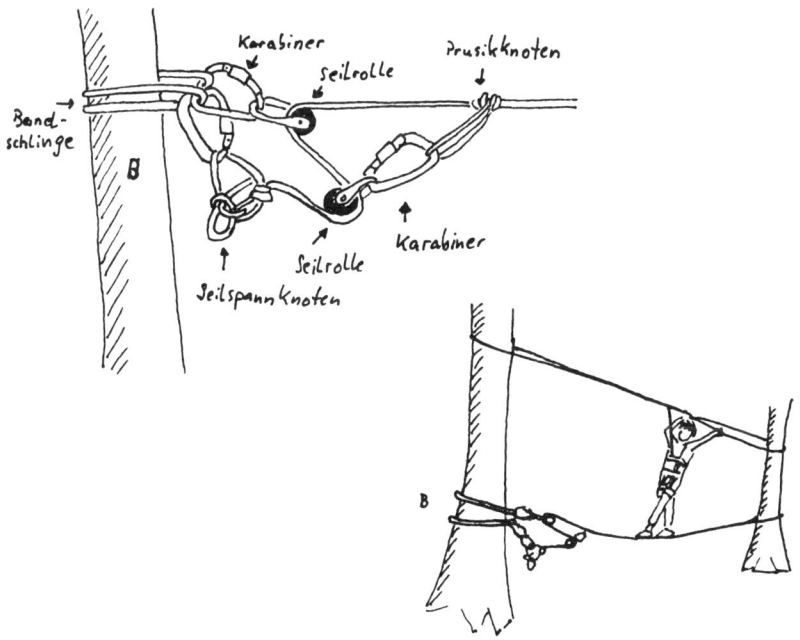

C 3 Fall

Ort	Natur, Halle	Zeitaufwand	bis 10 Min.
Gruppengröße	mittel bis groß	**Materialaufwand**	wenig
Zielgruppe	Kinder, Jugendliche, Erwachsene		

Beschreibung:

Ein hochbrisantes Spiel, denn wenn es nicht richtig gespielt wird ...
Ein Teilnehmer, eine Teilnehmerin lässt sich von einem Kasten mit gestrecktem und angespanntem Körper vorwärts in die Gasse der Mitspielenden fallen. Die Mitspielenden stehen in leichter Schrittstellung und bilden mit vorgestreckten Armen eine Gasse. Dabei fassen sich die Mitspielenden nicht an, sondern verschränken die Arme nach dem Reißverschlussprinzip. Der oder die Fallende wird federnd entgegengenommen. Es geht auch mit geschlossenen Augen. Eine ausreichende Körperspannung ist das "A und O" dieser Übung. Sobald der Fallende die Körperspannung verliert, rutscht er durch die fangbereiten Arme der Fänger. Je nach Gruppe ist es notwendig, vor dieser Übung Körperspannungsübungen durchzuführen.

Materialbedarf:

Großer Kasten, Weichbodenmatte.

Sicherheitshinweise:

Die Teilnehmenden müssen auf einer Weichbodenmatte stehen. D. h. die mögliche Sturzfläche der Fallenden ist durch diese Weichbodenmatte abgesichert. Hält der Fallende die Körperspannung nicht bis zum Schluss durch, haben die Fänger keine Möglichkeiten, den Fall abzubremsen.

C 4 Fensterln

Ort	Natur, Halle	Zeitaufwand	keiner
Gruppengröße	beliebig	Materialaufwand	keiner
Zielgruppe	Jugendliche, Erwachsene		

Beschreibung:

Herr oder Frau Rapunzel sind immer noch im Schlossturm eingeschlossen. Der Liebhaber hat es aber geschafft, sich zwei Alu-Leitern zu besorgen (gute Beziehungen!). Eine Alu-Leiter hält er in der linken Hand, eine in der rechten. Nun versucht er, zwischen den Alu-Leitern stehend, zum Schlossturm zu gelangen. Eine Sprosse in der linken Leiter mit dem linken Fuß hoch, eine Sprosse in der rechten mit dem rechten Fuß hoch, die zweite Sprosse in der linken, die zweite Sprosse in der rechten .... So erklimmt der Liebhaber langsam aber sicher den Schlossturm.

Materialbedarf:

Zwei Aluleitern, in der Halle Turnmatten um die Sturzbereiche zu sichern.

Sicherheitshinweise:

Auch hier müssen in jedem Fall Sicherungspersonen um den Aufbau postiert werden, um eventuell umfallende Leitern festzuhalten. Der Übungsleiter sollte auf jeden Fall auch schon selbst einmal "gefensterlt" haben. Nur so kann er die auftretenden Belastungen und problematischen Situationen abschätzen.

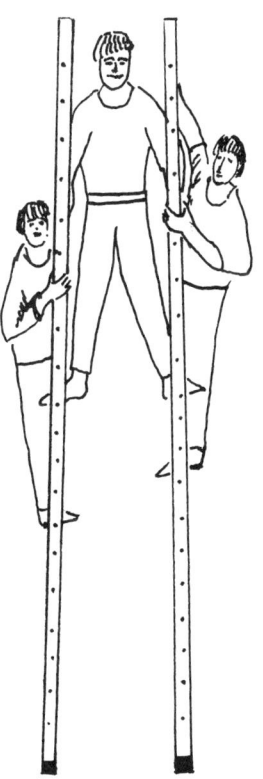

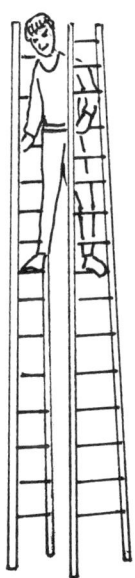

C 5 Höhlenforschung 2

Ort	Halle	Zeitaufwand	über 20 Min.
Gruppengröße	beliebig	**Materialaufwand**	wenig
Zielgruppe	Kinder, Jugendliche, Erwachsene		

Beschreibung:

Erlaubt ist, was sonst verboten ist: Abenteuer im Geräteraum. Eine lange Schnur (Wäscheleine oder Bergsteigerseil) wird so durch den Geräteraum geführt, dass die an ihr vorsichtig entlangtastenden Teilnehmer/innen über, unter und durch die verschiedenen Geräte krabbeln. Das alles natürlich, ohne etwas zu sehen (Augenbinden), denn in einer Höhle ist es dunkel. So kann das Seil zwischen zwei aufeinanderliegenden Weichböden hindurchgeführt und anschließend wieder über beide Weichböden zurückgeführt werden (was hier los ist, wenn sich mehrere Höhlenforscher/innen gleichzeitig in der Höhle aufhalten, kann man sich leicht vorstellen). Auch Wippen oder ähnliches können aufgebaut werden. Man kann die Höhle auch bereichern, indem Luftballons auf den Weg gelegt werden, das Seil unter nassen Tüchern hergeführt wird, die Höhlenforscher/innen selbst einen aufgepusteten Luftballon unbeschädigt durch die Höhle bringen müssen ... Auch hier ist die Phantasie der größte Gestalter.

Da es eine Weile dauert, bis alle Teilnehmer/innen in die Höhle gekrochen sind, sollte für die Wartenden ein Zwischenprogramm organisiert werden.

Materialbedarf:

Wäscheleine oder Bergsteigerseil.

Sicherheitshinweise:

Die Teilnehmer/innen müssen vorher sensibilisiert werden, sie müssen auf unterschiedliche Hindernisse vorbereitet sein. Der Leiter sollte auf die Gefahren in der Höhle hinweisen. An besonders schwierigen Passagen sollte eine Sicherungsperson postiert werden.

C 6 NASA-Spiel

Ort	Natur, Halle	Zeitaufwand	keiner
Gruppengröße	beliebig	Materialaufwand	wenig
Zielgruppe	Jugendliche, Erwachsene		

Beschreibung:

Es werden Untergruppen mit je 4 – 5 Teilnehmern gebildet. Jeder Teilnehmer erhält ein Blatt mit folgendem Text: "Sie sind Mitglied einer Raummannschaft, die ursprünglich geplant hatte, auf der erhellten Oberfläche des Mondes mit einem Mutterschiff zusammenzutreffen. Infolge von technischen Schwierigkeiten musste ihr Raumschiff jedoch an einer anderen Stelle notlanden, die etwa 300 km vom Treffpunkt entfernt liegt. Während der Landung ist ein großer Teil der Ladung an Bord zerstört worden. Da die Aussicht zu überleben davon abhängt, ob sie nun das Mutterschiff erreichen, müssen die wichtigsten der vorhandenen Dinge ausgewählt werden. Unten finden sie eine Liste mit Gegenständen, die unbeschädigt geblieben sind. Ihre Aufgabe ist es, diese Gegenstände in eine Rangordnung zu bringen. Der wichtigste Gegenstand erhält die Nummer 1, der unwichtigste die Nummer 15.

1 Schachtel Streichhölzer, 1 Dose Nahrungskonzentrat, 15 m Nylonseil, 30 m2 Fallschirmseide, 1 tragbares Heizgerät, 2 Pistolen, 1 Kiste Trockenmilch, 2 Sauerstofftanks zu je 50l, 1 Sternkarte, 1 Schlauchboot (automatisch aufblasbar durch Kohlendioxid), 1 Magnetkompass, 22 l Wasser, Signalpatronen (auch im luftleeren Raum zündend), 1 Erste-Hilfe-Koffer mit Injektionsnadeln, 1 Fernmeldempfänger und -sender mit Sonnenbatterien."

Erster Durchgang: Einzelentscheidung. Jeder Teilnehmer versucht für sich die Aufgabe.

Zweiter Durchgang: Gruppenentscheidung. Das Ziel ist es, einen Beschluss der Untergruppen, mit denen jeder von ihnen einverstanden sein kann, zu erreichen.

Auswertung: Welche Ergebnisse waren besser? Welche Rollen waren besetzt? Welche Entscheidungsstrategien wurden in den Untergruppen angewandt? ...

Reihenfolge von NASA-Experten: Sauerstofftanks, Wasser, Sternenkarte, Nahrungskonzentrat, Fernmeldeempfänger, Nylonseil, Erst-Hilfe-Koffer, Fallschirmseide, Schlauchboot, Signalpatronen, Pistolen, Trockenmilch, Heizgerät, Magnetkompass, Streichhölzer.

Materialbedarf:

Zettel, Stifte, Materialliste

Sicherheitshinweise:

Keine.
Hinweis:
Theoretische Kenntnisse in der Gruppendynamik sind bei der Durchführung
notwendig.

C 7 Pendel

Ort	Natur, Halle	Zeitaufwand	keiner
Gruppengröße	groß	**Materialaufwand**	keiner
Zielgruppe	(Jugendliche), Erwachsene		

Beschreibung:

Konzentration, Vertrauen und Verantwortung sind das "A" und "O" dieses Elementes. Ein menschliches Pendel schlägt hin und her.

Bis auf drei Mitspieler (das Pendel, zwei Sicherungspersonen) stehen alle anderen Mispielerinnen und Mitspieler in einer Gassenaufstellung, etwa Unterarmbreite auseinander. Eine Markierung teilt die Gruppe in eine rechte und linke Hälfte. Die Unterame werde reißverschlussartig mit den gegenüberstehenden Mitspielern verschränkt. Das Pendel legt sich rücklings auf die Unterarme der Mitspieler auf der rechten Hälfte. Die Füße befinden sich in der Mitte der Gruppe (Markierung), der Kopf befindet sich am äußeren Ende der Gruppe. Die vier mittleren Personen haben die Aufgeb, das Pendel an den Fußgelenken festzuhalten. Dies ist der Drehpunkt des Pendels. Auf das Kommando des Leiters: eins-zwei-drei und hopp, wir das Pendel mit einem kräftigen Impuls der Gruppe hochgeworfen. Nach Überschreiten der Senkrechten wird es vom linken Teil der Gruppe aufgefangen und nach einem weiteren Kommando wieder zurück geworfen, bis es schließlich zu einem rhythmischen Hin- und Herpendeln kommt.

Es ist notwendig, dass das Pendel eine absolute Körperspannung hält.

Materialbedarf:

Keiner

Sicherheitshinweise:

Rechts und Links der Gasse laufen zwei Sicherungspersonen, um notfalls ein seitliches Abrutschen des Pendels zu verhindern. Die Sturzbereiche sind mit Matten abzusichern.

C 8 Prusiken

Ort	Natur, Halle	Zeitaufwand	bis 10 Min.
Gruppengröße	klein bis mittel	**Materialaufwand**	wenig
Zielgruppe	Jugendliche, Erwachsene		

Beschreibung:

Das Prusiken kommt aus dem Bergsteigen und ist ursprünglich eine Technik der Selbstrettung. Zwei Prusikschlingen, deren Länge ungefähr vom Fuß bis zum Hals reicht, werden mit dem Prusikknoten um ein Bergsteigerseil gelegt. Das Bergsteigerseil wird so durch die Ringe gelegt, dass vier Stationen entstehen. Die Prusikschlingen werden zwischen Brustgurt und Brust hindurch und von innen (Schritt) nach außen (um die Waden) herumgeführt. Unter abwechselndem Belasten und Entlasten der beiden Prusikschlingen und abwechselndem Emporschieben der Prusikknoten wird an dem Seil emporgeklettert.

Materialbedarf:

Ein Bergsteigerseil 11mm, zwei Reepschnüre für die Prusikschlingen 56mm, ein Brustgrurt, Ringe, Turnmatten.

Sicherheitshinweise:

Die Sturzbereiche sollten mit Turnmatten gesichert werden.

Tipp:
Das Prusiken ist sehr anstrengend. Es kann etwas erleichtert werden, wenn ein Teilnehmer das Bersteigerseil straff zieht.

C 9 Schlucht überwinden

Ort	Halle	Zeitaufwand	bis 10 Min.
Gruppengröße	beliebig	Materialaufwand	wenig
Zielgruppe	Jugendliche, Erwachsene		

Beschreibung:

Zwei Kästen stehen ca. 1,5m auseinander. Zwischen ihnen liegt eine Weichbodenmatte zur Sicherung. Die gesamte Teilnehmergruppe hat die Aufgabe, von einem Kasten zum anderen zu gelangen, ohne dabei die Weichbodenmatte zu berühren. Die Schlucht gilt nur als überwunden, wenn alle Teilnehmer/innen diese überwinden. Nach dieser recht einfachen Aufgabe wird der Zwischenraum zwischen den Kästen auf ca. 2m erweitert. Mit welcher Technik schafft es die Gruppe, die Schlucht zu überwinden? Welche größtmögliche Entfernung ist möglich?

Der Leiter erkennt sehr schnell die Rücksichtslosen, die Macher und Macherinnen und die Denker und Denkerinnen. Es lohnt sich, auch mal über die Erfahrungen zu sprechen.

Materialbedarf:

Zwei Kästen, Weichbodenmatte.

Sicherheitshinweise:

Die Kästen müssen gegen ein Umfallen gesichert werden (z.B. Aufbau vor einer Wand).

Merkblatt Sicherheit

Spiel Nr., Name

Variation

C 10 Schwebende Jungfrau

Ort	Natur, Halle	Zeitaufwand	keiner
Gruppengröße	beliebig	**Materialaufwand**	wenig
Zielgruppe	Jugendliche, Erwachsene		

Beschreibung:

Wer kennt sie nicht, die Schwebende Jungfrau der Zauberer. Doch nicht nur Zauberer können das, wir auch! Die schwebende Jungfrau, wir können auch einen schwebenden Jungmann nehmen, liegt ausgestreckt auf dem Rücken auf Turnmatten. Die Arme sind an den Körper angelegt, der Körper ist angespannt. Vier Teilnehmer/innen (die Zauberer) stehen um die Jungfrau, bzw. den Jungmann herum, je zwei auf der linken und zwei auf der rechten Seite. Die jeweils gegenüberstehenden Teilnehmer/innen strecken sich die Hände entgegen, legen die Fingerspitzen aneinander, schließen die Augen und drücken die Fingerspitzen fest aneianander. Nach einer Konzentrationsphase von ca. einer Minute hocken sich die Zauberer neben die Jungfrau/den Jungmann und heben sie/ihn mit ausgestreckten Zeigefingern hoch: ein Zeigefinger am Nacken, einer an der Hüfte, einer am Gesäß und einer an der Ferse, und schon schwebt die Jungfrau auf acht ausgestreckten Zeigefingern. Nach einiger Übung kann die Jungfrau sogar auf nur vier ausgestreckten Zeigefingern schweben. Das ganze funktioniert auch mit einer auf einem Stuhl sitzenden Jungfrau und zwei Zauberern. Dazu bedarf es allerdings einiger Übung.

Mentaler Hinweis:

Dass der Mensch über unbewusste Kräfte verfügt, kann jeder leicht selbst überprüfen. Wir stehen vor einer normalen Personenwaage, umfassen die Seiten, heben sie auf und drücken so fest zu wie wir können. Dabei liegt unsere Zungenspitze auf dem Unterkiefer. Wir merken uns die erreichte (gedrückte) kg Zahl. Dann legen wir die Waage wieder ab, drücken die Zungenspitze an den Gaumen und führen den Test noch einmal durch. Wir erkennen schnell, dass wir mehr kg drücken können, wenn die Zungenspitze an den Gaumen gedrückt wird (geschlossener Energiekreis, der mehr Energie zur Verfügung stellt). Dieser Test lässt sich beliebig oft wiederholen. Aus dem gleichen Prinzip heraus funktioniert auch das Schwebenlassen der Jungfrau.

Materialbedarf:

Turnmatten, evtl. einen Stuhl.

Sicherheitshinweise:

Keine.

C 11 Slip-Line

Ort	Natur, Halle	Zeitaufwand	über 20 Min.
Gruppengröße	beliebig	Materialaufwand	erhöht
Zielgruppe	Kinder, Jugendliche, Erwachsene		

Beschreibung:

Unsere Expeditionsgruppe ist wieder einmal mitten in den Anden angekommen. Unser Weg führt über eine tiefe Schlucht. Aber wir sehen weit und breit keine Brücke. Nur ein einziges Seil ist über die Schlucht gespannt: Die Slip-Line.

Um eine Slip-Line in der Halle aufzubauen, benötigen wir zwei unterschiedlich hohe Befestigungspunkte, deren Höhenunterschied mindestens 4m betragen sollte. Für den oberen Befestigungspunkt bieten sich Emporen oder die Deckenbefestigungen der Klettertau-, Gitterleiter- oder Ringanlage an. Als unterer Befestigungspunkt ist ein im Boden versenkter Haken für das Spannreck gut geeignet.

Ein Bergsteigerseil (11mm) wird mit einer gesteckten Acht am oberen und mit einem Spannknoten am unteren Befestigungspunkt befestigt. In dem Seil wird eine Seilrolle und in dieser ein HMS-Karabiner befestigt. In den HMS-Karabiner wird ein Brustgurt eingehängt. Um diese Vorrichtung immer wieder zum oberen Ausgangspunkt zurückzuziehen, wird in den Karabiner noch eine lange Reepschnur eingeknotet. Der untere Teil der Slip-Line wird mit einer Weichbodenmatte und der restliche Teil mit Turnmatten abgesichert.

Die TN klettern nun über Kästen, Gitterleitern oder die Klettertauanlage bis zum oberen Befestigungspunkt, ergreifen mit beiden Händen den Brustgurt und lassen sich nach unten gleiten. Je steiler das Seil, desto größer die Geschwindigkeit. Aber Vorsicht: Der Auftreffpunkt liegt je nach Dehnung des Seiles bis zu 5m vor dem unteren Befestigungspunkt! Dieser Auftreffbereich muss mit Weichbodenmatten gesichert sein.

Materialbedarf:

Ein Bergsteigerseil (11mm, 25m), eine Reepschnur 25m, eine Seilrolle, ein HMS-Karabiner, ein Brustgurt, eine Weichbodenmatte, mehrere Turnmatten.

Sicherheitshinweise:

Das Bergsteigerseil sollte am unteren Befestigungspunkt immer zusätzlich gesichert werden, z.B. durch einen Barren. Die Belastungsgrenzen der Befestigungspunkte dürfen nicht überschritten werden. Diese Übung darf ausschließlich von ausgebildeten Fachkräften durchgeführt werden.

Tipp:
Für die Konstruktion der Slip-Line sollten alte Seile verwendet werden, da die Dehnung dieser Seile nicht mehr so groß ist. Es ist auch zu beachten, dass neue Seile durch eine zu starke Dehnung beschädigt werden können. Für kleinere Kinder sollte der Höhenunterschied geringer sein, da durch ihr geringes Körpergewicht die Seildehnung nicht so groß ist.

C 12 Stierkoppel

Ort	Natur, Halle	Zeitaufwand	keiner
Gruppengröße	beliebig	Materialaufwand	wenig
Zielgruppe	Kinder, Jugendliche, Erwachsene		

Beschreibung:
Wie wilde Stiere nun einmal so sind, lassen sie sich nicht ohne weiteres einsperren. Sind sie einmal eingesperrt versuchen sie natürlich auszubrechen. Natürlich sind wir keine wilden Stiere, sondern intelligente Zweibeiner. Daher werden wir versuchen, nicht mit roher Gewalt, sondern mit Überlegung und Gruppenlösungsstrategien aus der Stierkoppel auszubrechen. Die Stierkoppel besteht aus einem in 1,2m Höhe gespannten Seil (Zauberschnur). Die gesamte Gruppe hat nun die Aufgabe, von der einen Koppelseite auf die andere zu gelangen. Natürlich darf der um die Koppel führende Zaun nicht berührt oder unterklettert werden. Die einzige Möglichkeit besteht über den Zaun zu klettern. Nur wenn alle Gruppenmitglieder auf der anderen Koppelseite sind, ist die Aufgabe erfüllt. Aber Vorsicht: Auch sie darf den Zaun nicht berühren.

Materialbedarf:
Zwei Hochsprungständer, zwei Weichböden, eine Zauberschnur.

Sicherheitshinweise:
Die Sturzbereiche müssen mit Weichböden gesichert werden.

C 13 Trapezsprung 1 (Dreiertrapez)

Ort	Halle	Zeitaufwand	über 20 Min.
Gruppengröße	beliebig	Materialaufwand	erhöht
Zielgruppe	Jugendliche, Erwachsene		

Beschreibung:

Um ein "Dreiertrapez" anzufertigen, wird zunächst ein Barrenholm mit Reepschnüren in die Lederschlaufen von vier Ringen eingebunden (die Ringe müssen vorher entfernt werden). Unter dieses Trapez werden zwei Weichböden gelegt, wobei die Kante der Weichböden ca. 20 cm über den Barrenholm (Richtung Minitrampoline) hinausragt. In ca. 2,5m Abstand werden drei Minitrampoline vor diese Konstruktion gestellt. Der Zwischeraum zwischen den Minitrampolinen und dem Trapez wird mit Turnmatten ausgefüllt. Zu Absicherung wird nun noch eine weitere Weichbodenmatte hinter die bereits liegenden Weichböden gelegt. Dahinter wiederum Turnmatten, um ein Wegrutschen der Weichböden zu verhindern. Nachdem dieser Grundaufbau fertig ist, wird die Trapezstange hochgezogen (Reichhöhe + 1m).

Die TN finden sich zu dritt (möglichst gleiche Körperhöhe) zusammen und laufen aus ca. 5m Entfernung gemeinsam an, springen ab und erfassen gleichzeitig das Trapez.

Materialbedarf:

Drei Weichböden, drei Minitrampoline, Turnmatten, ein Barrenholm, eine Ringanlage, vier Reepschnüre.

Sicherheitshinweise

Die TN müssen den Absprung vom Mintrampolin beherrschen.

Tipp:

Um das Trapez nach dem Landen der TN möglichst schnell anhalten zu können, sollten zwei weitere Reepschnüre an den äußeren Enden des Barrenholmes befestigt werden, die von zwei TN gehalten werden. Die Höhe und die Entfernung des Barrenholmes von den Minitrampolinen sollte den Springern individuell angepasst werden, so dass auch wenig Geübte das Trapez erreichen können. Das gleichzeitige Anlaufen und Abspringen muss geübt werden.

C 14 Trapezsprung 2

Ort	Halle	Zeitaufwand	über 20 Min.
Gruppengröße	beliebig	Materialaufwand	hoch
Zielgruppe	(Jugendliche), Erwachsene		

Beschreibung:
Diese Situation ist eine der schwierigsten und brisantesten im Abenteuer- und Erlebnissport. Der Aufbau muss deshalb mit besonderer Sorgfalt durchgeführt werden.
Aufbau der Grundsicherung: Unter den heruntergelassenen Ringen befinden sich mehrere Weichböden. Ein möglichst leichter TN setzt sich in die Ringe und wird dort mit einem Gurt und Reepschnüren gegen ein Herunterfallen gesichert. Der TN wird nun bis zur Deckenbefestigung der Ringe hochgezogen und befestigt am Querbalken der Ringbefestigung eine Seilschlaufe. In die Seilschlaufe wird ein HMS- Karabiner eingehängt (und zugeschraubt!) durch den ein Bergsteigerseil (Sicherungsseil) gezogen wird. Nun wird der TN wieder langsam heruntergelassen. In ein Ende des Sicherungsseils wird eine Acht geschlagen, in die ein HMS-Karabiner eingehängt wird (hieran werden später die Springer gesichert, Seilende 1). Das andere Ende des Seils wird mit einem HMS-Knoten in einem HMS-Karabiner befestigt, der mit einer Seilschlaufe an einer Wandbefestigung angebracht ist (Sicherungsende - Seilende 2-, Standort des Sichernden).

Beschreibung:
Drei Kästen werden aufeinandergestapelt und mit zwei Weichböden gegen seitliches Umkippen gesichert. Die Weichböden müssen mit Reepschnüren, besser noch mit Schlauchbändern fest mit dem Kastenstapel verzurrt werden (Seilspannknoten). Der Kastenstapel befindet sich ca 2,5 bis 3m vor den heruntergelassenen Ringen.
In die Lederschlaufen der Ringe wird mit Reepschnüren eine Trapezstange befestigt. Das Trapez wird ca.1,5m höher gezogen als der Kastenstapel hoch ist. Der Raum unter dem Trapez wird mit Weichböden gesichert.
Dem Springer wird ein Komplettgurt angelegt, wobei die Befestigungsringe des Komplettgurtes auf dem Rücken des TN sind. In die Befestigungsringe wird der HMS-Karabiner des Sicherungsseils befestigt (Seilende 1). Der TN klettert nun auf den Kastenstapel (mit Aufstiegshilfen) und geht bis an das vordere Ende des Kastens. Er legt sich das Sicherungsseil auf die Schulter (es darf auf keinen Fall neben dem Körper hängen!). Der Sichernde zieht das Sicherungsseil auf eine leichte Spannung. Jetzt kann der Springer abspringen. Direkt

nach dem Absprung muss der Sichernde das Sicherungsseil straff anziehen, um einen möglichen Sturz des Springenden abzufangen. Hat der Springer das Trapez ergriffen, pendelt er aus. Dann lässt er los, damit ihn der Sichernde durch Nachgeben des Sicherungsseils langsam herablassen kann.

Materialbedarf:
Drei Kästen, Ringanlage, vier Weichböden, zwei Reepschnüre, zwei Schlauchbänder, eine Trapezstange, drei HMS-Karabiner, drei Komplettgurte, Turnmatten, zwei Seilschlaufen, ein Bergsteigerseil, einen Kasten als Aufstiegshilfe.

Sicherheitshinweise:
Als Wandbefestigung dürfen auf keinen Fall die Sprossen der Gitterleiter oder der Sprossenwand genutzt werden, da diese unter Belastung brechen!
Diese Station darf nur von Leitern und Leiterinnen aufgebaut werden, die einen Lehrgang "Abenteuer- und Erlebnissport" belegt haben und dort diesen Inhalt besprochen und durchgeführt haben!

C 15 Triangel

Ort	Natur	Zeitaufwand	über 20 Min.
Gruppengröße	beliebig	**Materialaufwand**	hoch
Zielgruppe	Kinder, Jugendliche, Erwachsene		

Beschreibung:

An drei Bäumen, die ca. 5 bis 6 Meter auseinander stehen werden zwei Stahlseile befestigt, so dass sie ein V bilden. Danach müssen die Seile mit einem Seilspanner gespannt werden. Sie haben nach dem Spannen eine Höhe von ca. 30 Zentimerter über dem Boden. Die Teilnehmer haben nun die Aufgabe, sich am Beginn des V's auf die Seile zu stellen, sich die Hände zu reichen und langsam den Seilen zu folgen. Da das V immer weiter auseinander geht, wird es zunehmend schwieriger. Hinzu kommt noch eine Schwingung des Seiles, die das Gehen weiter erschwert. Wie weit kommen die Partner? Welche Technik benutzen sie? Wie geht das mit verbundenen Augen?

Materialbedarf:

Stahlseile, Seilspanner

Sicherheitshinweise:

Zur Sicherung müssen in dem V einige Sicherungspersonen gehen, die einen "Buckel" bilden. So können sie ein Fallen der Seilgänger nach innen auffangen. Damit die Seilgänger nicht nach außen fallen, müssen dort ebenfalls Sicherungspersonen mitgehen.

Merkblatt für Spielvariation

Spiel Nr., Name

Variation

C 16 Turmbau zu Babel

Ort	Natur, Halle	Zeitaufwand	über 20 Min.
Gruppengröße	beliebig	**Materialaufwand**	hoch
Zielgruppe	Kinder, Jugendliche, Erwachsene		

Beschreibung:

Zunächst wird die Grundsicherung wie beim Trapezsprung 2 aufgebaut. Zusätzlich tragen der Sichernde, der Kletternde und der Kastenanreicher jeweils einen Helm.

Aufgabe der Teilnehmer und Teilnehmerinnen ist es nun, mit möglichst vielen Cola-Kästen einen Turm zu bauen. Der erste Cola-Kasten liegt direkt unter der Sicherungsanlage. Der Kletternde stapelt nun den zweiten Cola- Kasten auf den ersten, den dritten auf den zweiten und so weiter. Er/sie klettert dabei mit den Kästen in die Höhe. Der Kastenanreicher hat die Aufgabe, dem Kletternden die Kästen anzureichen, ab einer gewissen Höhe zuzuwerfen. Ab 10 Kästen wird der Turm sehr wacklig. Aber keine Angst: Die Kletternden sind ja über ein Sicherungsseil gesichert. Haben die Kletternden ihre maximale Höhe erreicht, stoßen sie den Kastenstapel um und lassen sich in das Sicherungsseil fallen.

Materialbedarf:

15 – 20 Cola-Kästen, drei Helme, ein Bergsteigerseil, drei HMS- Karabiner, zwei Seilschlaufen, drei Komplettgurte, Absperrband, Barren.

Sicherheitshinweise:

Das Sicherungsseil muss während des gesamten Aufbaus vom Sichernden auf Spannung gehalten werden. Im Sturzbereich der Cola-Kästen darf kein weiterer TN stehen. Der Sturzbereich muss mit Absperrband kenntlich gemacht werden. Bei TN über ca. 60 kg müssen weitere TN auf den Barrenfüßen stehen, um ein Verrutschen des Barrens zu verhindern. Auch diese Situation darf ausschließlich von Leitern und Leiterinnen durchgeführt werden, die diesen Inhalt in einem Abenteuer- und Erlebnissportlehrgang besprochen und durchgeführt haben.

C 17 Zirkus-Zirkus

Ort	Natur, Halle	Zeitaufwand	keiner
Gruppengröße	beliebig	Materialaufwand	keiner
Zielgruppe	Kinder, Jugendliche, Erwachsene		

Beschreibung:

Wie ein Tiger durch den brennenden Reifen! Natürlich brennt bei uns kein Reifen und Tiger sind wir schon lange nicht. Aber springen wie die Tiger, das können wir auch.

Auf zwei längs nebeneinander gestellte Kästen wird ein Weichboden gelegt. Vor diesem Aufbau steht ein Minitrampolin, hinter dem Aufbau liegen zur Absicherung Turnmatten. Die Teilnehmer und Teilnehmerinnen laufen nun einzeln an, springen von dem Minitrampolin ab und landen gestreckt auf dem Weichboden. In einem zweiten Schritt wird eine Zauberschnur in ca. 1m Abstand über die Weichbodenmatte gespannt. Die TN versuchen nun, unter der Zauberschnur hindurch zu springen und ebenfalls gestreckt auf dem Weichboden zu landen. Im letzten Schritt springen die TN nicht mehr unter einer Zauberschnur her, sondern durch einen vom Leiter gehaltenen Reifen. Aber Vorsicht! Die Beine der Springenden müssen beim Flug völlig gstreckt sein, sonst reißen sie den Reifen mit.

Materialbedarf:

Zwei Kästen, einen Weichboden, Turnmatten, eine Zauberschnur, zwei Hochsprungständer, einen Reifen, ein Minitrampolin.

Sicherheitshinweise:

Die TN müssen den Absprung vom Mintrampolin beherrschen. Zu Beginn sollte eine Sicherheitsstellung am Minitrampolin stehen.

323

9 Literaturverzeichnis

Aufmuth, U. (1984). Die Lust am Aufstieg. Was den Bergsteiger in die Höhe treibt. Weingarten.

BAGUV (Hg.) (1987): Sicherheit im Schulsport, Heft 4: Richtiger Einsatz von Matten im Sportunterricht.

BAGUV (Hg.) (1988): Sicherheit im Schulsport, Heft 2: Minitrampolin. 3. Auflage.

BAGUV (Hg.) (1988): Sicherheit im Schulsport, Heft 5: Sicherheit von Sportgeräten und Einrichtungen in Sporthallen.

Böhnke, J. (1991): Dokumentation der Abenteuer- und Erlebnissport Zusatzqualifikation in Köln 1991. Broschüre des Stadtsportbundes Köln.

Böhnke, J. (1992): Sport, Delinquenz und Lebensstil. Münster.

Bourdieu, P. (1991): Die feinen Unterschiede. Frankfurt. 4. Auflage

Brinckmann,A./E.Spiegel (Hg.)(1986): Freizeitsport mit Jugendlichen. Reinbeck.

Brinckmann, a. / U. Treeß (1985): Bewegungsspiele. Reinbeck.

Brodtmann, D. / G. Landau (Hg.) (1983): Wettkämpfe, Sportfeste, Spielfeste. Reinbeck.

Bucher, W (Hg.) (1987): 1012 Spiele und Übungsformen in der Freizeit. 3. Auflage. Schorndorf.

Deutsche Sportjugend (Hg.) (1985): Soziale Funktionen des Sports im Jugendalter. Abschlußbericht I. in: Berichte und Analysen, Haft 85. Frankfurt/Main.

Deutsche Sportjugend (Hg.) (1985): Soziale Funktionen des Sports im Jugendalter. Abschlußbericht I. in: Berichte und Analysen, Haft 86. Frankfurt/Main

Döbler, H. / E. Döbler (1975): Kleine Spiele. 8. Auflage. Berlin.

Funke, J. (Hg.) (1983): Sportunterricht als Körpererfahrung. Reinbeck.

Fuß, S. (1987): Abenteuersport was ist das? in: Helmstedter Gesprächskreis: Primärsport, Abenteuersport, Produkt Entwicklung. Sport Thieme.

Harder, G. (1980): Bergsteigen. Reinbeck.

Hübner, H. / A. Mirbach (1991): Das Unfallgeschehen im Schulsport allgemeinbildender Schulen in WestfalenLippe. Münster.

Jagenlauf, M. (1990): Outward Bound Persönlichkeitsbildung durch Erlebnispädagogik. München. 3. Auflage.

Kenyon, G.S. (1969): A Sociology of Sport: On Becoming a Sub Discipline. in: Brown/Cratty (Hg.): New Perspectives of Man in Education. Englewood, S. 163180

Keyzer, D. (Red.) (1990): Klettern mit Kindern. in: Jugendamt der Stadt Düsseldorf (Hg.): Berichte aus der Praxis. Band 12. Düsseldorf.

Kultusministerium Nordrhein-Westfalen (Hg.) (1990): Sport in der Alltagswelt von Jugendlichen. in: Materialien zum Sport in Nordrhein-Westfalen, Band 27. Düsseldorf

Landau, G. (Hg.) (1985): Erlebnistage im Schulsport. Reinbeck.

Landesinstitut für Schule und Weiterbildung (Hg.) (1988): Mehr Sicherheit im Schulsport. Soest.

Landesinstitut für Schule und Weiterbildung (Hg.) (1991): Mehr Sicherheit im Schulsport. 3. Auflage. Soest.

Mehrtens, L. (o.J.): Praxishilfen Akrobatik, Clownerie, Jonglieren (Werkstatt für Medienarbeit und Freizeitpädagogik). Oldenburg.

MSKS NW (Hg) (1996): Kindheit, Jugend und Sport in Nordrhein Westfalen. in: Materialien zum Sport in Nordrhein-Westfalen, Band 44. Düsseldorf

Oerter, R./L. Montada (1987): Entwicklungspsychologie. München

Orlick, T. (1984): Kooperative Spiele. Weinheim.

Orlick, T. (1985): Neue kooperative Spiele. Weinheim.

Rammler, H./H. Zöller (1985): Kleine Spiele Wozu? Bad Homburg.

Rieder, H./G. Fischer (1986): Methodik und Diadaktik im Sport. München.

Rohnke, K. (1977): Cowstails and Cobras. Projekt Adventure. Hamilton.

Schleske, W. (1977): AbenteuerWagnisRisiko im Sport. Schorndorf.

Schreiber, H. (o.J.): Trampolinturnen. Skriptum RuhrUniversität Bochum.

Sportjugend Berlin (Hg.) (1985): Bewegung im Vorschulalter. Berlin.

Sportjugend Nordrhein-Westfalen (Hg.) (1991): Abenteuersport. Duisburg.

Stiff, G. (o.J.): 1000 Jugendspiele. 19. Auflage. Münster.

Trebels, A. (Hg.) (1983): Spielen und Bewegen an Geräten. Reinbeck.

Voigt, D. (1992): Sportsoziologie Soziologie des Sports. Frankfurt.

Wagner, J. (o.J.): Floßfahrt mit Kindern. in: Jugendamt der Stadt Düsseldorf (Hg.): Berichte aus der Praxis. Band 4. Düsseldorf.

Ziegenspeck, J. (Hg.) (1987): Kurt Hahn. Erinnerungen Gedanken Anforderungen. Beiträge zum 100. Geburtstag des Reformpädagogen. Lüneburg.

Abenteuer- und Erlebnissport

Jörg Böhnke
Abenteuer- und Erlebnissport: Eine Anleitung für die Praxis

Der Abenteuer- und Erlebnissport ist mittlerweile zum „Renner" im Sport geworden. Sowohl Vereine als auch verschiedene Institutionen der Jugendarbeit haben den Abenteuer- und Erlebnissport in ihr Programm aufgenommen. Und seit neuestem widmet sich auch der Schulsport diesem Thema.

Im Abenteuer- und Erlebnissport wird der Handelnde als Ganzes gefordert: mit Kopf, Herz, Hand gilt es, alleine und mit anderen gemeinsam Abenteuer zu erleben und bestehen. Verantwortungsbewusstsein, Kooperation, Mut, Vertrauen zu sich und zu anderen sind wesentliche Aspekte des Abenteuer- und Erlebnissports. Dabei braucht man keine Berg- oder Dschungeltouren in fremde Länder: die Sporthalle, die Wiese oder die Stadt vor der Tür sind die Aktionsräume, die ohne großen Aufwand abenteuer- und erlebnisreich genutzt werden können.

Die „kleine Ausgabe" bietet Praxis pur. Hier werden 1200 Beispiele aus dem Abenteuer- und Erlebnissport in Bild und Text dargestellt und erläutert.

Bd. 2, Frühjahr 2000, ca. 200 S., ca. 24,80 DM, br., ISBN 3-8258-4552-4

Sport: Kultur, Veränderung
Sozialwissenschaftliche Analysen des Sports

Wilhelm Hopf (Hrsg.)
Fußball – Soziologie und Sozialgeschichte einer populären Sportart

"Der Ball ist rund und das Spiel dauert 90 Minuten".

Diese vielzitierte Feststellung des ehemaligen Bundestrainers Sepp Herberger stellt das Sichtbare fest und verweist auf das Unsichtbare. Ein Spiel mit dem einfachen runden Ball folgt einer Dynamik, die sich bis zum Ende der Kontrolle der Beteiligten weitgehend entzieht. In dieser Dynamik liegt die vielbeschworene Spannung des Fußballs. So findet der Abstiegskampf, der Kampf der "schlechten Mannschaften", gegebenenfalls mehr Aufmerksamkeit, als die Spiele eines den Verfolgern enteilten Spitzenreiters.

Die Dynamik des Fußballs hat sich in den letzten hundert Jahren herausgebildet.

Von Anbeginn war der Fußball eingebettet in den Zusammenhang bestimmter sozialer Gruppen. Für sie war er Gesprächsgegenstand. So ist es nicht zufällig, daß der Mediensport Fußball im wesentlichen ein Tratschen über mehr oder weniger große Nebensächlichkeiten darstellt. Dies gelingt umso trefflicher, als die Dynamik des Spiels letzlich unerklärbar bleibt – wie das Wetter. Die Amerikaner ziehen daraus konsequenterweise den Schluß: Der Ball ist verzaubert.

Bd. 15, 3. Aufl. 1998, 280 S., 19,80 DM, br., ISBN 3-88660-231-1

LIT Verlag Münster – Hamburg – London
Bestellungen über:
Grevener Str. 179 48159 Münster
Tel.: 0251 – 23 50 91 – Fax: 0251 – 23 19 72
e-Mail: lit@lit-verlag.de – http://www.lit-verlag.de
Preise: unverbindliche Preisempfehlung

SportSpektrum

Bewegung – Training – Gesundheit
herausgegeben von
Prof. Dr. Winfried Joch, Prof. Dr. Georg Kassat,
Prof. Dr. Klaus Nicol, Dr. Walter Oberste
und Dr. Josef Wiemeyer

Winfried Joch; Josef Wiemeyer (Hrsg.)
Bewegung und Gesundheit
Bd. 1, 1996, 192 S., 38,80 DM, br., ISBN 3-8258-2686-4

Lothar Thorwesten; Jörg Jerosch;
Klaus Nicol (Hrsg.)
Biokinetische Meßverfahren
Einsatzmöglichkeiten in Sportmedizin und
Sporttraumatologie. Dokumentation zum
interdisziplinären Münsteraner Symposium
am 23./24. Juni 1995
Bd. 2, 1997, 240 S., 48,80 DM, br., ISBN 3-8258-2779-8

Klaus Peikenkamp
**Ein 3-dimensionales, 3-segmentiges,
dynamisches Modell des Fußes zur
Berechnung interner Kräfte und Momente**
Bd. 3, 1997, 112 S., 24,80 DM, br., ISBN 3-8258-3165-5

Jörg Natrup
**Resultierende Kräfte und Momente an den
Gelenken der unteren Extremität während
der Stützphase beim Langstreckenlauf**
Bd. 4, 1997, 144 S., 24,80 DM, br., ISBN 3-8258-3363-1

Winfried Joch; SandraÜckert
Grundlagen des Trainierens
Mit dieser Neuerscheinung ist beabsichtigt,
'Grundlegendes' in Training – wenn auch man-
ches davon in vereinfachter Form – zu vermitteln
und einen Überblick darüber zu geben, was diejenigen wissen sollten, die ein Trainingsinteresse
haben, für sich selbst auch zur Vermittlung
für andere. 'Grundlegendes' bezieht sich in diesem
Kontext sowohl auf das Anwendungswissen, also
auf konkrete Handlungsorientierungen, aber auch –
mit gleicher Berechtigung und Notwendigkeit –
auf das Erkennen von Zusammenhängen.
Gerade in einer Zeit, die durch zivilisatorisch
bedingten, zunehmenden Bewegungsmangel ge-
prägt ist, stellt das Wissen um die Beziehungen
zwischen allgemeiner körperlicher Leistungsfähigkeit, subjektivem Wohlbefinden und Gesundheit
einerseits sowie einer richtig dosierten Belastungs-
Erholungs-Relation im Rahmen systematischen
sportlichen Trainings andererseits eine wesentliche
Hilfe dar.
Insofern gehören trainingswissenschaftliche Infor-
mationen zum unentbehrlichen Wissensbestand,
über den Trainer, Sportlehrer und Übungsleiter,
Gesundheits- und Fitnessinstrukteure, aber auch
die Trainings-Autodidakten im Freizeit- und Ge-
legenheitssport verfügen sollten. Insbesondere an
diejenigen, die sich noch in der Ausbildung zu
einem der genannten Berufe befinden, wenden sich
die Autoren dieses Buches, das aus der gleichna-
migen Vorlesung im Rahmen der Sportlehrerausbildung an der Westfälischen Wilhelms-Universität
in Münster entstanden ist und sich insofern als
Informationsgrundlage für die Trainingslehre im
Studium der Sportwissenschaft besonders anbie-
tet.
Bd. 5, 2. Aufl. 1999, 344 S., 49,80 DM, br.,
ISBN 3-8258-4292-4

Gerd Thienes
**Motorische Schnelligkeit bei zyklischen
Bewegungsabläufen**
Bd. 6, 1998, 176 S., 39,80 DM, br., ISBN 3-8258-3880-3

Marita Bruckmann (Redaktion)
Geräteturnen in der Sportlehrerausbildung
Freies Turnen – Bilanz und Perspektiven.
Symposion für Lehrende an den Hochschulen
und Workshop für Studierende vom
15.9.–17.9.1997 in Münster
Bd. 7, 1998, 264 S., 49,80 DM, br., ISBN 3-8258-4097-2

Gongbing Shan
**Ein biomechanisches Modell auf Basis von
individuellen anthropometrischen Daten
für das Bewegungslernen von Flugphasen
bei sportlichen Bewegungsabläufen**
Bd. 8, 1999, 200 S., 39,80 DM, br., ISBN 3-8258-4274-6

LIT Verlag Münster – Hamburg – London
Bestellungen über:
Grevener Str. 179 48159 Münster
Tel.: 0251 – 23 50 91 – Fax: 0251 – 23 19 72
e-Mail: lit@lit-verlag.de – http://www.lit-verlag.de

Preise: unverbindliche Preisempfehlung